九州各県のご自慢給食

（1）

2013～2014年度の誕生会のメニューは、絵本をテーマに取り組みました。おいしいものが登場する絵本のイメージで献立を立てます。

この日は、馬場のぼるさんの「11ぴきのねことあほうどり」です。子どもたちの喜ぶ顔を思い浮かべてメニューのネーミングにもこだわっています。４月はコロッケ風おにぎり、11ぴきのねこのコロッケ、あほうどりの島の野菜炒め、空に浮かんだ気球のスープ、いちごです。

（福岡県　杉の子保育園）

（2）

赤米は古代米の一種で、赤色色素を含む品種です。近年はほとんど作られなくなりましたが、吉野ヶ里公園で栽培されているので、今回は田植えから収穫までを体験しました。炊きあがったご飯に「ワァ～ッ‼　あか～い‼」と子どもたちから歓声が上がっていました。

（佐賀県　しらゆり保育園）

（3）

本日の献立は、ご飯、かぼちゃの味噌汁、切り昆布煮と中華サラダです。

ご飯は全員分炊いて、おかわりもできます。茶碗も陶器や磁器を使い、落としたら割れるようにしています。

さあ、お当番さんの準備も終わり、「いただきます」。

（宮崎県　南方保育園）

(4)

浦上そぼろは、カトリック信者が多い浦上地区の伝統料理です。ポルトガル宣教師からの教えを受け、信者さんたちの間で作られるようになった素朴で甘辛い豚肉と野菜の炒めものです。そぼろとは、食材を粗く切ることを表す「粗ぼろ」から来たという説と、ポルトガル語で、あまりものを意味する「ソプラード」から来たという説があります。ちゃんぽん、皿うどんに次いで、子どもたちが大好きな郷土料理の一つです。

（長崎県　公立保育所）

(5)

毎年６月の保護者参観時に給食試食会を行っています。普段子どもたちの食べている給食を見ていただくことが目的です。材料や食材の切り方、味付けなどを知っていただきます。今年は60名が参加しました。食器が足りずランチプレートに盛りつけています。

メニューは、魚の香味焼き、ひじきの白和え、すまし汁、果物、パンです。ひじきの白和えが珍しいとか、魚がパサついていないとか、作り方を教えてほしいなどのたくさんの感想が寄せられました。

（宮崎県　南方保育園）

(6)

献立は、七穀米ご飯、切り干し大根の味噌汁、鯛の塩麹ねぎ焼き，納豆のチーズ和え、おやつに全粒粉クッキーです。様々な自然食品を使った和食メニューに、玄米や古代米を取り入れ、彩りもよく栄養豊かです。毎日、大活躍の塩麹は園の手作りで、野菜などを入れた納豆は子どもたちの大好物です。週替わりのアレンジを楽しみにしています。

（佐賀県　ひなた村自然塾）

(7)

保育園内の一角によもぎが自生しています。毎年、ひな祭りのお祝いの日に合わせて年長児が、目を輝かせてザルいっぱいのよもぎをつみます。

よもぎ団子は、すったよもぎを茹で上がった団子と合わせていく「二度作り」という地元に伝わる方法で作ります。出来上がりはもっちりしています。年長児が作ったものを午後食として振る舞います。大切にしている行事のひとつです。

（熊本県　大光保育園）

(8)

保育園の開園記念として毎年３月にお餅をつきます。添加物を使わず、あずきの煮汁を使って紅白餅を作り大好評でした。

（大分県　コスモス保育園）

(9)

きびなごをまるごと揚げた唐揚げは、子どもたちが大好きなメニューです。塩昆布の和え物は季節の野菜を使って、野菜の食感も残すようにしています。シャキシャキと野菜の味を感じられる一品で、子どもたちはもりもり食べています。すいとん汁はつるっとした食感で、野菜嫌いの子どもたちも食べています。

（鹿児島県　共同保育所ひまわり園）

（1）福岡県　筑前煮

（2）佐賀県　ひなた村のシシリアンライス

（3）長崎県　浦上そぼろ

（4）熊本県　馬すじ入りおでん

（5）大分県　団子汁

（6）宮崎県　チキン南蛮

（7）鹿児島県　がね

保育園で作る 郷土食

（64・78ページにレシピ掲載）

保育っておもしろい！

おいしいね！ たのしいね！
給食と保育

九州合研常任委員会◎編

かもがわ出版

九州合研常任委員会◎編

「保育っておもしろい！」ブックレット刊行によせて

九州保育団体合同研究集会（略称　九州合研）は一九七〇年に産声をあげた自主的で民主的な保育研究運動の組織です。「保育者の良心の砦　九州合研」「九州は一つ」を合言葉に、毎年一回、九州各県持ち回りで一〇〇〇人規模の集会を開催しています。

九州合研は、保育者・親・研究者・医師など参加者みんなが対等平等に向かい合い、「聴いて学ぶ」だけでなく、「話し合って学び合う」ことを大切に、分科会で提案された実践を深め、真に実践を導く理論の創造に向けて歩みを進めて参りました。その実践的・理論的蓄積を多くの方々と共有したいという願いを込めて、二〇〇九年の第四〇回長崎集会で、九州合研四〇周年記念ブックレット「保育っておもしろい！」シリーズの『集団づくり』と『乳児保育』を同時刊行いたしました。それ以来、第四三回宮崎集会で『障がい児保育』、第四四回鹿児島集会で『3・4・5歳児の保育』を刊行し、二〇一四年には、福岡で開催された第四六回全国保育団体合同研究集会に合わせて、『こどもがえがく・こどもがつくる』を刊行しました。そして、二〇一六年第四六回大分集会でシリーズ六冊目の『おいしいね！たのしいね！　給食と保育』を刊行いたします。

保育者や給食職員、学生、親、研究者など、子どもの健やかな育ちを願うすべての方々にこの小冊子がお役に立つことができればと願っています。

九州保育団体合同研究集会　常任委員会代表

大元　千種（二〇一六年七月）

はじめに——食べることは生きること

食べることは生きること。給食は保育そのものです。子どもが安心できる環境の中で、楽しくおいしく食べる毎日を過ごし、健やかに育つことを願って、日々、食の実践が積み重ねられています。

保育現場は、食物アレルギーの増加や、離乳食が進まない、咀嚼《そしゃく》できない、朝食抜き、偏食が極端に強いなどていねいに対応すべき様々な課題に直面しています。給食職員と保育者、そして保護者との連携のもと、取り組みを進めることが求められています。

本ブックレットは、九州合研の「健康・食・生活リズム」分科会において提案された実践と論議されたことがらを「食」に焦点をあててまとめたものです。食育基本法が二〇〇五年に制定されて以来、「食育」に関する実践が増え、給食職員だけでなく、保育者や保護者からの多彩な実践が提案されるようになりました。

保護者とともに畑作りに取り組んだ実践、梅干し作りや切り干し大根作りなど、今や家庭ではほとんど作ることのない日本の伝統的な保存食を子どもたちといっしょに作り、園から家庭に発信するという実践などが報告されています。各園の実情に即して、創意工夫した取り組みが広がっています。

本ブックレットを真ん中に給食職員と保育者と保護者とのつながりが深まり、「おいしいね！　たのしいね！」という子どもたちの笑顔がいっそう輝くことを願うものです。

■松下　賢治（九州合研ブックレット『おいしいね！　たのしいね！　給食と保育』代表）

『保育っておもしろい！』ブックレット『おいしいね！　たのしいね！　給食と保育』◎もくじ

第３章　食べることは生きること

装幀・東海林さおり
カット・田中　せいこ

第1章

子どもたちの食と保育は今

1　給食大好き～保育園の子どもたち～

■今日の給食、なんだろな？

保育園の給食室は、子どもたちにとって魅力的なところです。子どもは道具を使ってテキパキと作業しているおとなを見るのが大好きです。また、ジュ～ッと炒める音やグツグツ煮立つ音、ガチャガチャと食器の音を聞くのも好きです。そして何より、おいしいにおいに敏感です。給食室から漂ってくるにおいでその日のメニューを想像する楽しみも知っています。子どもたちの五感を刺激する給食室です。

当番さんにとっては、心地よい緊張を感じる場所でもあります。クラスの人数を報告したり、メニューを聞いたりします。野菜や魚の名前を教えてもらうと、「今日の魚は、かんぱちよ！」「今日のは鮭よ！　本当はこんなに大きくて（と両手を広げて）、海で泳いどったって！」「冬の大根やけん、甘いよ」と友だちや先生に得意げに伝えてくれます。

朝、登園すると毎日、給食室に立ち寄る子どもがいます。給食の先生との会話が日課になっています。給食を楽しみに保育室へ向かいます。友だちや兄弟とケンカした時、なんだかクラスの部屋に入りたくない時、自分の苦手な取り組みや活動が始まる時など…、ふっと給食室に行く子どもがいます。そして、しばらくして戻って行きます。給食室が拠り所であり、自分の気持ちを立て直す場でもあるのです。

■おいしい・たのしい給食の時間

ほとんどの子どもが、食事の時間を楽しみにしています。「給食の時間よ〜」と保育者が言葉をかけると、〇歳児も一歳児も自分で手洗い場に向かいます。椅子に座って、おかずやお鍋やお櫃《ひつ》が運ばれてくるのをじっとみつめています。ところが、手を洗いたくない、座るのが嫌だという子に出会うこともあります。苦手なものが多すぎて、楽しみな時間として迎えられないのです。経験不足や、濃い味のものに慣れてしまって保育園の薄味に戸惑っていたり、においや感触に敏感で受け入れられなかったり、じっと座ることが苦手だったりします。まだまだ遊んでいたい子もいます。その子に合った対応が求められます。食に壁のある子どもは、人に対しても壁があるように感じます。安心できるおとなや友だちとの関係づくりや楽しい経験が、食に向かう気持ちを後押しします。

大きくなると、一定の時間は姿勢よく座って集中して、スプーンや箸をうまく使って食べるようになります。食器に手を添えるとうまくすくえます。お椀を両手で持って汁を吸うようにもなります。「いただきます」「ごちそうさま」のあいさつをして、食事の始まりと終わりの区切りをつけます。年長児になると「命をいただくこと」にも思いを馳せます。そんな食事のマナーが身につきにくい子どももいます。朝ご飯を車の中で済ませたり、パンを持ったまま登園する子どもや家族で食卓を囲んで食事をする時間を持てない子どもです。子どもに食文化を伝えるはずのおとなが、個食（孤食）、コンビニや外食で育ってきているのかもしれません。また、おしゃべりばかりして、食事が進まない子どももいますが、食材の話などに話題を絞ると食事に集中できるようになります。

友だちと食べることが楽しい子どもたちです。いっしょに皮むきをした豆は特別においしくなります。友だちがパクッとおいしそうに食べるのを見ると苦手なにんじんだって、食べます。「おいしいね〜」「あまいね」「すっぱいね」「あっ、うんとこしょどっこいしょのカブだ！」など共感が広がると親しみが増します。「わあ、全部食べたね」「おかわりちょうだい」「はいどうぞ」「ありがとう」の言葉と気持ちのやりとりも楽しい時間をつくります。

■喜びや好奇心が広がる食育

野菜作りやクッキングは楽しくておもしろくて「食べること」に直接つながる活動です。野菜の生長やできあがりの喜びを感じることができます。初めて米を研《と》いだ時、初めて包丁を使った時のワクワクやドキドキはずっと心に残ります。

「ご飯を食べるとどうなるの？」「野菜はどうやって大きくなったの？」「クッキー、焼いたらサクサクになったね」「わあ、スイカが浮いた〜」など、知的好奇心が湧き出す子どもたち。知識だけではなく実体験をとおして考える、わかる経験をたくさんしてほしいものです。

■中村千恵子

2　保育園給食はいかに大切か

「食べる意欲は生きる意欲」と言われ、保育の一環として大きく位置づけられてきた「食」ですが、私たちをとりまく食の状況はかなり変化してきました。和食離れが進み、コンビニ、デパ地下の中食産業、ファミレスなどの外食産業、多種多様な冷凍・インスタント食品など、家で作らなくてもおいしいものが食べられる毎日。食の世界は果たしてこのままでよいのでしょうか。こうした状況の中、保育園の給食の役割をあらためて見つめ直してみたいと思います。

■健康なからだを育てる

食の基本は、まず健康なからだを育てることです。乳児期は全身の運動機能、手指の微細な活動、脳神経など様々な機能が発達していく時期です。そのため、日々、何をどのくらいの量でどんな形態で食べるのかを考えて、給食を提供することが、子どもたちの活動を保障するうえで大切です。

特に離乳期は、咀嚼《そしゃく》、嚥下《えんげ》（注）のための機能、器官が飛躍的に成長するとともに、味覚の基礎ができる時期です。この時期に様々な食べ物の味を体験することで味覚の幅が広がり、偏りのない嗜好が形成されていきます。しっかりと咀嚼するための質、固さととも

（注）咀嚼とは噛むこと、嚥下とは飲み込むこと。

に季節ごとの様々な素材の味・香りがわかるよう薄味で提供していく、その繰り返しの中で、健康なからだが育まれていくのです。

■豊かな心を育む

毎日の給食室から漂うにおい、調理する音が子どもたちの五感を育みます。また、友だちや保育者と同じものを食べることで共食の喜びも実感します。その中で、バランスのよい食べ方や、マナーひいては価値観や文化などを学んでいきます。好き嫌いの克服にもつながることでしょう。

野菜などの栽培やクッキングでは、作って味わうこと、みんなに喜ばれることなどを体験し、食べ物を作ってくれる人たちの思いを感じとり、食材を大切にする気持ちを育みます。行事食では、今まで食べ継がれてきた食文化を学びます。行事食も心を豊かにする取り組みの一つです。

子どもたちは、こうした毎日の生活の中で「楽しかった」「おいしかったね」という満足感、安心感を基礎に、人や食材、自然などに興味関心を広げ、自らいろいろなものに関わろうとする意欲を高めていくのです。

■家庭とともにあってこそ

保護者の働く環境も大きく変わってきました。不安定雇用の増加、長時間・夜間勤務など、就労状況が多様化しています。忙しさから、簡単な食事で済ませる家庭も増えています。「家庭で料理して食べる」という当たり前のことができなくなっている時代といえるでしょう。しかし、家庭での日々の営みこそが、実は大切なのです。

なぜなら、第一に乳幼児期は生涯の食の基礎を身につける時期であること、第二に家庭で家族みんなで食べることは子どもたちの心の安定や満足につながり、また明日頑張ろうという意欲にもつながっていくこと、第三に「わが家の○○はおいしい」など、その家庭の文化を創り伝えていくための場であること、だからです。

私たちの生活に関わる「食」の情勢や、情報を伝え　家庭での食事作りを励まし、応援していくことも保育園給食の役割といえるでしょう。本来料理は、創造的で楽しい営みのはずです。親のそんな姿も子どもたちに見せてほしいと願っています。

しかし一方では、家庭での食事もままならない子どもたちも増えています。各家庭の状況も踏まえての援助も必要となるでしょう。

子ども・子育て支援新制度になって、保育園の給食の動向も心配ですが、私たちは、今まで積み重ねてきた実践に確信を持って、人と人をつなぐ豊かな給食を作り続けていきたいと思います。

■二宮　直子

3　保育者から見える食卓の風景～当たり前に食べることの危機～

■生活のきびしさが食にしわ寄せ

保育園では、子どもが食べ物を見ない、給食中座れない、うろうろする、足をテーブルにあげる、茶碗がきちんと持てない子などが気になります。食べ物を呑み込めない子、咀嚼しない子、早食いの子などは、離乳の進め方がうまくいっていなかったのかもしれません。実際、離乳食はほとんどレトルト食品だということもあります。週のほとんどを買ってきた中食（注1）ですませるという家庭もあり、食卓の風景が心配です。

日本では現在、労働人口の四割近くが非正規雇用というなか、保護者の就労状況も多様化して、長い子は一二時間近く保育園にいます。子どもの欠食や孤食（注2）の背景には非正規、長時間労働、ダブルワークや深夜勤務など社会的な問題も隠されています。子どもの食事に手をかけたくても、きびしい就労状況の中、その日その日を精一杯過ごしている保護者にそんな余裕はないというのが実情なのかもしれません。私たち保育者はそのような保護者の状況を十分理解しながら、食の大切さを伝えていかなければいけません。

■朝食のお菓子化

朝、菓子パン（カステラなど）、チョコやソフトキャンディーなど甘いものを食べてく

（注1）中食とは、総菜やコンビニ弁当などの調理済み食品を自宅で食べること。

（注2）孤食とは、子どもが一人で食事をとること。

る子たちが気になります。子どもが空腹時に甘いものを食べると血糖値が急激に上がり、上がりすぎた血糖値を下げようとインシュリンというホルモンがたくさん分泌されます。すると今度は一気に血糖値が下がり、低血糖となります。朝から甘いものを摂取すると、これらにたくさん含まれる砂糖が血糖値の乱高下を引き起こし、脳に大きな影響を与えると言われています。これが毎日子どものからだの中で引き起こされると、落ち着きがなく、イライラしていたり、キレやすい子どもになることにつながるのかもしれません。

しかし、余裕のない精一杯の日々のなか、朝食にお菓子でもなんでもいいから口に入れ、食べてくれれば安心という保護者の切羽詰まった声も聞こえてきます。

■便利な食産業に飲み込まれる保護者の食生活

園外保育の手作り弁当の日に、おかずがレトルト食品一品のみという家庭もありました。夜は宅配弁当が届くという子どもの声もあります。日曜日はファストフード、平日はコンビニに立ち寄り車で朝食を済ませて、登園するといったこともあります。

いつしか私たちは便利な食産業があるのを前提に暮らしを組み立てていくようになっているのかもしれません。子どもに愛情を持っていても、何をどのように食べさせたらよいのかわからないという保護者世代の育ちの背景もあります。今は子どもが当たり前に食べるということさえ、引き継がれなくなってきているのではないでしょうか？

子どもの食事は保護者に責任を求めるのではなく社会の仕組み自体を見直さなければい

けないのだと思います。

■保護者も食に関心を持てる取り組みを

一昔前の日本では、家族が多く、ご近所づきあいがあり、子育ては保護者だけが行うものではなく、おじいちゃん、おばあちゃん、地域の人みんなが関わっていくものでした。そんな中で社会性を身につけ、食のマナーだけでなく大勢で食べる楽しみも味わってきました。

近年子どもをとりまく食環境の変化に伴い、孤食、欠食、中食、外食など、便利さが優先されるようになりました。本来子どもは保護者の食生活を受け継ぐものです、子どもが成長して自分の子どもに食事を作るおとなになれるように、家庭で担えない部分を保育園がその役割を果たさなくてはいけない時にきています。もっと保護者が食に興味を持ってもらえるような楽しい行事や、栽培、収穫、調理に親子で取り組めるよう企画するなど、これまで以上に必要になってくるのだと思います。

■佐藤　和

4　給食室と保育室の連携～「給食を保育の一環」にするための具体的提案～

食べることは生きる力を育てること。そのために食事を作る人と食べさせる人が心を合わせることが必要です。連携の当事者に具体的な提案をします。

■給食職員への三つの提案

給食室は本当に忙しいです。献立を考え調理することがメインの仕事であることもわかっていますが、給食職員も「保育者」という視点からちょっと欲張った提案をします。

①なるべく保育室に入って子どもといっしょに食べましょう。本来子どもは、食事を作る様子を見ながらできあがるのを待って、作った人もいっしょに食卓を囲むものでした。作っていっしょに食べることで作った人の思いも届き、子どもも作った人を知っているから安心して食べるのです。食が専門分化することで効率的になった反面、食の原風景が失われたのではないでしょうか。

子どもの食べる笑顔が頭に浮かんだら給食を作る喜びは倍増します。苦手なものや好きなもの、食べる量が実感できたら食材や調理方法の工夫につながります。週に一回いや月に一回でも、いっしょに食べるのが無理なら食べている様子を眺めるだけでもいいと思います。給食室を離れる時間を確保するのは現状の体制では難しいとは思いますが、仕事の分担や休憩の取り方など、それぞれの職場で工夫をしてみてはどうでしょうか。

②できれば子どもといっしょに遊びましょう。いっしょに遊んで子どもがかわいくなると、もっとおいしく食べさせようと仕事の意欲が増します。仲よくなった子どもは給食室に遊びに来ます。給食職員との何気ない会話が子どもの居場所になることもあります。そんな子どもの様子や感想を保育士に伝えると、保育士とは違った子どもの見方が保育を深めるヒントにもなります。これも連携の一つの形です。

③時には保育士に代わって食育指導もお願いします。保育士だけでなく保育園で働く人はみんな保育者です。特に給食を作る人は食育担当の保育者です。ある園では、二歳児クラスのお箸の指導のために、給食職員が「おはし博士」に扮して直接指導します。さらに行事食（七草）の時には本物の七草を持って各保育室を回ります。また絵本の中に出てくるごちそうを実際に作るクッキング保育も給食職員が中心に進めます。いつもは給食を作ってくれる人が先生として登場するので子どもたちもいつになく真剣な表情です。ちょっと緊張しますが、保育士の苦労や喜びも分かち合えます。

■保育士への三つの提案

①子どもをもっと給食室と関わらせましょう。給食当番をもう一歩深めて「味見当番」を加えたらどうでしょう。作っているところを見て、ちょっと味見をさせてもらって、その感想をクラスの子どもたちにも伝えるのです。ついでに味見だけでなく給食職員に食材

も見せてもらって話が弾むと、子どもにとって給食職員がもっと身近になります。

②給食室の仕事の一部分を子どもに手伝ってもらいましょう。「給食の先生が野菜の皮むいてほしいって」と子どもたちにお願いします。給食室に取りに行って、むき終わったらまた給食室に戻しに行きます。調理される前の食材に触れることでその変化も楽しみます。旬の食材のにおいを嗅《か》ぐことで季節も感じます。とうもろこしの皮むきでは部屋中ひげだらけの遊びに発展します。何よりも給食職員との関わりの中で「お願いします」「ありがとう」と当てにされ認められることがうれしいのです。子どもと給食職員の関わりを取り持つことも連携の一つです。

③保育士も給食室に入りましょう。少人数の給食室、忙しい時に保育士に手伝ってもらうと本当に助かります。保育士も給食室の作業の流れを間近に見ることで要望の出し方も工夫できます。いっしょに作業することで気心もわかり合えます。連携の土台として人間関係も柔らかくなります。

連携の必要性は充分わかっていますが職域が違うためお互い遠慮しがちです。まずはやりたいと思った人からやれそうなことを持ちかけてみましょう。また職員会議でも必ず給食職員の発言の機会を保障することも大事です。打ち合わせや会議などの実務的な連携からクッキング保育など保育内容の連携の段階へ、少しずつ発展させていきましょう。

■宮里　六郎

5　保育園の給食室をめぐる動向

貧しい子どものために貧困対策として始まった給食。保育園の調理室は「児童福祉施設最低基準」で設置が義務づけられました。働く女性の願いや要求を背景に、保育園給食に関わる人たちの努力で、給食は守られ発展してきました。

■給食に関わる制度の問題点

現在では、保育の中心に食をおく保育園も増えています。乳幼児の発達に、給食が大きな役割を担っていることをこれまでの実践が証明してきました。今日では離乳食はもちろん、アレルギー食、食育活動、延長保育・夜間・休日保育の食事、地域に根ざした子育て支援事業の指導や援助など、要求の幅が広がり、給食職員の役割はますます重要性を増しているといえます。しかし、それらの活動は給食職員に過大な負担を強いているのが現状です。なぜなら職員配置基準（定員四五人以下は一名、四六人以上は二名配置。栄養士配置義務なし）が一九六三年からほとんど改善されてないからです。

一九九八年に三歳児以上の幼児を対象とした給食について調理業務の外部委託（注1）が可能になり、二〇〇四年には「構造改革特別区域法（特区）」で特例として公立保育園の給食の外部搬入（注2）が可能となりました。

（注1）外部委託とは、外部の人材により自園の施設で給食業務を行うこと。

（注2）外部搬入とは、他の施設で作られた給食を搬入すること。

一方で、二〇〇四年に「楽しく食べる子どもに～保育園における食育に関する指針～」が厚労省から出されます。そこでは、保育園における食事の大切さをうたい、食を営む力の基礎を培うことを目標としています。そして、二〇〇五年に食育基本法が制定されました。二〇〇八年には改正保育所保育指針で食育の推進が盛り込まれ、食育目標を掲げることが義務づけられました。こうして保育園における食事の重要性が政府の方針となって打ち出され確認されたのです。しかし、二〇一〇年には公私問わずすべての保育園の三歳以上の外部搬入が容認されてしまいました。

■外部委託・外部搬入の問題点

保育者側からは、「保育と関わった食育活動ができない」「作っている姿が見られず子どもたちの五感に響かない」「食事内容の質が下がる」「アレルギー児、離乳食などの個別の対応ができない」などの問題点が指摘されています。委託された側も、子どもたちとの関わりが薄いため、子どもへの思いが持ちにくいといった現実があります。

保育園給食が果たしている役割は、子どもたちの栄養のバランスや空腹を満たすだけではありません。給食に関わる人たちと触れ合い、食材に触れ、においや音をからだで感じるなど、それらすべてが食育なのです。そして先生や友だちとおいしく味わう経験をし、心身ともに成長していきます。これらの役割を鑑みれば外部委託・外部搬入は保育園給食には適さないといえるでしょう。

■子ども・子育て支援新制度がスタートして

二〇一五年四月から新制度がスタートしました。待機児童の多くが三歳未満児のため、国は、小規模保育等、地域型保育を受け皿に施設を増やしています。そして、給食室設置にはコストがかかるため、外部搬入も可能としました。地域型の場合、入園してくる子どもたちの多くがまだ離乳期です。個別の対応が必要な子どもたちに対して、外部搬入はどこまで対応できるでしょうか。また、給食室はあっても給食職員の配置基準が明確に定められていません。保育者の配置でさえ、無資格者でもよい保育施設が誕生しています。これまで真っ先にコストカットされてきた給食室ですから、どこまできちんと給食職員が配置されるのかはなはだ疑問です。

このように保育施設は増えていますが、一方では規制緩和が進んでいます。外部搬入が広がっていくことは確実でしょう。保育と同様、給食の格差もさらに広がってしまう危険性があります。

給食は保育であり、すべての子どもたちが平等に保育を受ける権利、おいしい給食を食べる権利があります。その給食を支える給食職員の配置改善、栄養士の配置義務づけなどの制度化が必要です。国の動向を注視しながら、毎日のおいしい給食を作り続けていきたいと思います。

■二宮　直子

コラム

■九州合研の三点セット
～集会要項・提案集・報告集～

菱谷　信子

九州合研は保育に関するあらゆる立場の人たちが垣根を越えて自主的に集まり、話し合って学ぶ研究集会です。その集会の案内、集会で実施される集会内容、そして集会で提案・論議された内容の報告の冊子が、『集会要項』・『提案集』・『報告集』として、各々の時期に発行されます。

『集会要項』は、集会の日時・場所・プログラムはもちろんのこと、集会テーマ、記念講演・講座、分科会案内、開会・閉会行事などを開催県の現地実行委員会が立案し、常任委員会、九州実行委員会で話し合って出来上がってきます。参加者が、どんな集会なのか、どのような内容が準備されているのか、読んですぐにわかるように心をくだいて作成されます。会場までの交通案内や申し込み方法に至る細かいところまでていねいに検討し、保育を考える多くの人に集まってもらいたい、保育について語り合ってほしいという願いがちりばめられています。この要項は四月ごろまでに作成され、保育に関係する人たちに配布されます。

九月に開催される集会当日には、九州合研を質的に発展させていく要となる基調提案や各分科会の実践提案を始め、記念講演、講座・市民講座のレジュメや九州各県の保育情勢の報告、分科会提案レポート原稿の書き方と提出方法などが掲載された『提案集』が配布されます。

基調提案は毎年、保育の現状や課題を分析し保育・子育てに希望を見出すことができるよう、その解決の見通しや方向性を提案し、集会参加者と保育をめぐっての問題意識を共有して、各々の分科会で論議を深め明日の保育を展望できる内容がまとめられています。

また、九州合研の核となる分科会は、現在、Ⅰ子どもの生活と発達を踏まえた保育を創造するために、Ⅱ基本となる保育内容と活動を豊かにするために、Ⅲ保育要求の実現と保育条件改善のために、Ⅳ交流会の四本の柱が立てられ、二二の分科会に九州各地からの提案が掲載されています。実践者が忙しい保育の中で、実践的力量を高めていくために自分の実践を記録、整理しみんなの共有財産となるようまとめられた「総括型」の提案や、悩んでいることを相談する「相談型」の提案があります。参加者は集会中に『提案集』を片手に自分の参加したい講座や分科会に積極的に参加し、論議を深めていきます。

そして集会後に作成される『報告集』には集会での講演・講座の概要や各分科会で論議された内容や今後の実践的な課題が記録としてまとめられます。また、集会資料（参加者数、集会風景、速報、集会アピールなど）も掲載されています。

『提案集』と『報告集』は現地実行委員会が常任委員会や九州実行委員会で話し合った内容に沿って原稿を集め責任をもって編集、作成します。そうやってまとめられた『報告集』は参加者や集会に行きたかったのに行けなかった人たちなどが申し込み、集会後に申し込んだ人たちに現地実行委員会から送付されます。そして次の集会では、その『報告集』を踏まえて、また論議が深められていきます。

『集会要項』・『提案集』・『報告集』は子どもたちのために豊かな保育を願う人たちに、九州合研の歩みを客観的に残してくれる、九州合研の財産です。

『報告集』を読み、『集会要項』を見て九州合研に参加し、『提案集』を片手に論議を深め、ともに明日の保育を創り出していきましょう。

第2章

乳幼児の豊かな育ちと食の実践

1　離乳食はゆっくりと確実に

■実践「意欲的に食べ込む子に」

■久保亜耶未・上原亜由美／福岡県／高取保育園

高取保育園は、一九六九年から米の山院内保育所として、三歳未満児の保育を行ってきました。その後一九七八年より認可園となり、社会福祉法人あらぐさ会高取保育園として産休明けの〇歳児から就学前までの子どもたちの保育にあたっています。

【ドキドキの離乳食担当】

栄養士になり今年で三年目になります。二年目に離乳食担当になりました。担当になった当初は、作っていけるのか不安でした。野菜の切り方や煮方など一つ一つ学んでいきました。離乳食作りで気をつけていたことは、食べ物の固さと味付けです。個人の発達にあわせた固さに煮て、素材の味を生かした薄味にしあげます。また手で持ちやすいようににんじん、ごぼうなどはスティック状に切っています。保育者の話を聞いたり、実際に子どもたちの食べる様子を見たり、食べさせたりすることで少しずつ理解していきました。

初期は、野菜（キャベツ、にんじん、じゃがいも、玉ねぎ、かぼちゃなど）を一時間煮た野菜スープからのスタートです。上手に飲み込めるようになったら、順次、高取の離乳

表　高取保育園の離乳食のめやす（2012年度）

口唇食べ期	準備期	★めやす５か月～６か月すぎ　離乳食開始！ おもゆ　１日目１さじ、２日目２さじ…と便をみて進める 野菜スープ　じゃがいも・玉ねぎ・キャベツ・にんじんをゆっくり１時間程煮たものを園では使用 ※あくの強い野菜はやらない
舌食べ期	初期	★めやす６か月～８か月 おかゆ（全粥） つぶした野菜　じゃがいも、玉ねぎ、キャベツ、にんじん １週間くらいかけて１品ずつ増やしていく すりつぶし→あらつぶし→みじん切り スティック状に切ったキャベツの芯を歯固めとして食べる ４品食べるようになったら「麩」を入れる 野菜のスープ　便の状態をみて、醤油を２滴ほど入れ、薄味をつける 醤油を少しずつ増やしていき、スープを炊いて味をつける
	中期	★めやす８か月～９か月すぎ　便の状態、食べ込みをみて２回食へ 汁物　煮物、汁物は昆布だしを使用（薄い優しい味になる） 煮物　※いりこ、かつおぶしは青魚なので使用しない おかゆ 和え物 たんぱく質（白身魚・豆腐など） 食べにくいメニューの場合は粗目に刻み、食べやすくする ※座位が安定してきたら椅子座りへ 主に食べ始めるもの…低・無農薬の旬の野菜（こんにゃく、里いもはアレルギーを引き起こす可能性があるので体調を見て注意して与える） 白身魚（旬のもの）・うどん類・パン・豆腐・じゃこ・ワカメ・ひじき・春雨
歯茎食べ期	後期	★めやす10か月半すぎ　２回食の食べ込み、便の状態をみて３回食（朝食）へ 食後のミルクの量を少しずつ減らしていく
	完了期	★めやす11か月半すぎ　３回食の食べ込み、便の状態をみて４回食（夕食）へ おかゆ→軟食→普通飯（おにぎり）移行していく １歳前の１週間は昼のミルクをやめる １歳の誕生日後はおやつのミルクもやめる
	１歳児食	★めやす１歳３か月すぎ　１歳児食へ移行！ 主に食べるもの…生野菜・炒め物・揚げ物・甲殻類・青魚・豚肉・牛肉・鶏肉・大豆・ゴマ・卵など

〈注意すること〉

☆便の状態、食べ込み、体調をみて進めていくこと！

☆アレルギーが出そうな子（肌が弱い子など）は特にゆっくり進めていく。

☆果物は果糖が多いため、消化するのに時間がかかり、その分、からだに負担がかかるので食べる場合は少量にする。

食進行表にあわせて進めていきます。（表　参照）

【離乳食で大切にしていること】

高取保育園の離乳食作りで大切にしていることは、次の通りです。

・三歳未満児の食事を四回食と位置づけています。未満児は一回の食事摂取量が少量であるのに活動量が多いためかなりのエネルギーを必要とするからです。

・動物性たんぱく質（牛乳、卵、肉類）を控えています。内臓の未発達な乳児に、動物性たんぱく質を与えすぎると、内臓に負担がかかり、アレルギーを起こしやすいからです。おもなたんぱく源としては、白身魚、豆腐、車麩、麩などです。

・離乳食の進め方のめやすを基本に一人ひとりの発達に応じて進めています。園全体の献立表とは別に離乳食の献立表があり、個々の進み方がわかるようにしています。

・咀嚼力をたかめるための食材を意識的に提供しています。今の子どもは、背筋、腹筋が弱く、飲み込みや噛みちぎることが難しくなっていると学習しました。よく噛めるようスティック状のにんじんやごぼう、昆布、豆いかなどをだしています。

【離乳食はゆっくりと確実に】

乳児室の保育者と離乳食の内容、進め方を一致させるために、話し合いを行いました。担任より、食べ込み（注）ができない子、歯茎で噛めない子が多いことが報告されました。そこで、初期から普通食までゆっくりと進めていくことにし、特に普通食への移行期は煮物中心によく噛んで食べさせていくことを担任と確認していきました。しっかりと咀

（注）食べ込むとは、一定の量をきちんと食べること。

嚼してからだに取りこむことの方が大事だからです。

【意欲的に食べる子に～保育者側から】

高取保育園では、「食べることは生きること」を大事にしながら、給食も保育の一環として取り組んでいます。そのため離乳食は、高取独自のめやすにそって進めています。今年は離乳食担当が初めてということもあって、特に伝え合いを密にしました。また時間がある時には、給食室から食べさせに来てもらいました。実際に食べさせることで、子どもたちの食べ方がわかり、離乳食作りに生かされたと思います。また、食べ込ませることの大切さも一致することができました。

もう一つ高取の給食で大事にしていることは、自ら食べたいという意欲が出てきた時にそれをどう保障するかということです。二、三年前までは、テーブル付きの椅子に座り、テーブルを皿に見たてて、手を自由に動かして食べることを大事にしてきました。しかし、直接テーブルに食べ物を置くことが、見た目や衛生面でどうなのか疑問がでてきました。そこで食器を使い、手を自由に動かして食べることをどう保障するか、考えました。皿を丸皿から長四角皿に変えてみたり、座る高さを変えてみたりしました。座る高さに関しては、個人に合わせた厚さの板を作り、それを椅子に載せて座らせてみました。するとテーブルの高さと合い、手が皿の上で自由に動くようになり、以前より楽しく意欲的に食事ができるようになりました。

給食室と話し合い、考え合い、とても勉強になった一年でした。

■実践の分析と意味づけ

■二宮　直子

離乳期は、母乳から離乳食への過程で、食形態も液体から固形物が入り　口腔機能の発達に従い、咀嚼すること、嚥下することを学びます。様々な食材を食べられるようになり「食べさせてもらう」ことから「自分で食べること」を獲得していく時期でもあります。ただ単に作るだけ、食べさせるだけではないところが、離乳食の難しさです。

高取保育園では、長年の学習と実践の裏付けのもとに園としての離乳食の独自の方針を持っています。乳児室担当保育者はもとより、すべての保育者にその方針は共有されているることでしょう。その中で、報告者は経験の浅い栄養士です。園の方針にそって試行錯誤しながら離乳食作りに取り組んでいきます。彼女が離乳食担当として固定されているため、毎日の実践と検証の繰り返しの中で、少しずつ自分のものにしていっている様子がうかがえます。このように園独自の離乳食の方針があり、離乳食担当が固定されていれば、今どの段階に進んでいて、どんな形態で提供すればいいのか、見通しを持ちやすく、作りやすいと思います。食材の固さなどの微妙な変化は言葉では説明しにくいものがあります。

また一般的に給食室と乳児室との意思の疎通はとても難しいことです。食事時間はどちらにとってもとても忙しい時間だからです。しかし、離乳食は約一年の間に、初期、中期、後期と進みます。本当にあっという間の期間です。個々に合わせて進めていかなければ、すぐに発達にみあわない内容になってしまいます。ですから、作った内容が適切かどうか、両者が把握していることが大切です。高取保育園では、新人の離乳食担当者に理解してもらうため、保育者主導で、話し合いを意識的に持ち、子どもの発達段階に合った内容かどうかを確認しています。また、時間がある時、作り手に食べさせる経験を取り入れています。実際に作る側が食べさせることで、食べ方、固さ、大きさなどが適切かどうか目で見て知ることができ、作ることに生かされていきます。

子どもたち一人ひとりの状態も両者の間で共有されています。咀嚼が弱い、嚥下力がない、好き嫌いが多いなど、食べる弱さです。その克服のために、発達に合わせて提供し、長い見通しの中で働きかけていくことが確認されています。

これに加えて、高取保育園は「意欲的に食べること」を大事にしています。それをどう保障するか、乳児室ではいろいろな取り組みが行われています。椅子の高さを調節してみたり、食器の形、大きさなどを変えてみたり、どんな条件だったら子どもたちが楽しく食べられるかを検証しています。離乳食は、食べる内容や進み方に目がいきがちです。しかし食べる環境、姿勢なども食べやすさや意欲につながります。日々の実践の中で子どもたちにとって一番いい方法は何かを追求していることは学ぶべきことと思います。

離乳期は、これから続く食生活の基本を身につける時です。保育者とともに、豊かな離乳食期を子どもたちに提供していきましょう。

2　食と農をつないで

■実践「つばさっ子農園〜これぼくが作った野菜だよ！〜」

■吉田　涼子／長崎県／つばさ保育園

つばさ保育園では、「健全な身体づくりを目指し、多様な体験を通して、社会性や豊かな創造力を育てる」を保育目標とし、天気の良い日は散歩に出かけたり、園庭で泥、砂、水遊びをしたり、また、隣接する里山の自然の中で、思いきりからだを動かし、毎日楽しく過ごしています。給食は、野菜を多く取り入れた和食を中心とした献立で、だしの風味を生かし、本物の味や素材にこだわり、季節のものを大切にするよう心がけています。このような園生活を送る中で、子どもたちにとって給食はとても大切な保育の一つと考えています。しかし、野菜が苦手な子、食の細い子、食に対して意欲がない子、朝食を食べてこない子など食に関する悩みは尽きません。そこで、子どもたちや保護者に、食に関して興味関心を持ってもらうことで、食べることの大切さを伝え、食べる意欲（＝生きる力）につながればと願い、食育活動を行っています。

【畑作りから、冬野菜一年目】

園から歩いて五分くらいの所に「つばさっ子農園」があり、ここでの菜園活動はつばさ保育園での食育の柱となっています。野菜を育てる体験を通して、野菜の生長や旬を知り、収穫する喜びを味わうことで、食べるものを身近に感じ、食べ物を大切に思う心を育てることを、活動のねらいとしています。

まず、「畑」自体を作ることから始めました。機械で空き地を耕し、子どもたちといっしょに石や雑草を取り除き、土を入れ、畑を作りました。何もない空き地から畑ができた時は職員一同感激しました。今まではプランターでミニトマトやきゅうりの栽培を行っていましたが、本格的な畑での栽培活動は初めてだったので、職員間で実行委員会を作り、地域の方に指導してもらいながら取り組みました。子どもたちは、鍬《くわ》で畑を耕すといった初めての経験に目を輝かせ、積極的に取り組んでいました。

小さい苗を大事に持ち、そっと土をかぶせて、「キャベツさん、おいしくな～れ」と声をかけながら苗植えする姿も見られました。畑に水やりに行くたびに「大きくなってる！」など子ども自身が野菜が生長している様子を実感し、実際に触れることで野菜を身近に感じることができたと思います。未満児クラスの子どもたちも散歩で畑に行き、保育者といっしょに野菜に触れ、においを感じることで徐々に興味を持つようになりました。私たち職員も初めての経験に、子どもたちと発見や驚きを共有していきました。また、家庭で子どもたちが畑の話をすることで、お迎えの帰りに実際に畑に足を運び、子どもたちといっしょに野菜の生長を楽しみにしているという声も聞かれ、保護者の関心を深めていくこともできました。

【せんせい、あま～い】

心待ちにしていた収穫では、子どもたちは大きく生長した野菜に喜ぶ姿がみられました。「白菜は、固くてしっかり巻いたものを収穫するんだよ」と伝えると、「この白菜は固くて大きいけん、収穫できるね！」「これはまだかなー？」あまり生長していない白菜を見つけると、「これは、こたろう（ヤギの名前）に食べさせてあげようよ！」などと会話が弾みます。その場で、採れたての生の白菜を食べてみると、みずみずしくて、子どもたちからも「せんせい、あま～い」と声が上がり、その声につられて野菜が苦手な子も思わず「本物の味」に感動してくれたことをうれしく思いました。

収穫した野菜は、給食で「お浸し」や「味噌汁の具」などいろいろな料理に使ったり、家庭に持ち帰ってもらい、味わってもらいました。「家ではできない経験をさせてもらって感謝しています」「とてもおいしかったです。シチューに入れると、『これぼくが作った野菜だよ！』と自慢していました」「家では食べない野菜も農園の野菜だと食べるようになりました」との声が保護者から聴かれました。

【菌ちゃんの土作り】

「大地といのちの会」の吉田俊道先生の講演を聞いたのをきっかけに土作りに興味を持ち、畑の一部で、給食や家庭から出た野菜くずなどの生ごみを使って土作りを行いました。土の中に微生物（菌ちゃん）がいること、その微生物たちによって生ごみが土に返ることを学びました。最初は、「くさーい！」と言っていた子どもたちも、「菌ちゃん（微生物）

が生ごみを食べてくれて、野菜をおいしくする土を作ってくれるんだよ」と話すと、「菌ちゃん、野菜をおいしくしてね」「これ、ぼくが持ってきた皮やけん、ちゃんと食べてね！」と一生懸命に土に混ぜる姿が見られました。数日後に、生ごみの形や香りが変わっていき、最後には、生ごみがなくなり、野菜の育つ土になることは、子どもたちにとってとても驚きの体験のようでした。

夏野菜は　きゅうり、トマト、スイカ、かぼちゃ、とうもろこしを育てました。保育者と「素材そのものを味わわせたいね」と話し合い、散歩の帰りに畑に寄って、きゅうりやトマトを丸かじり、スイカはその場で切って食べました。とうもろこしも生でかじってみるとみずみずしく、子どもたちも「あま～い！」と喚声を上げました。やはり自分たちで育てた野菜の味は格別のようでした。

【まとめ】

子どもたちは自分たちで野菜を育て、野菜を身近に感じ、少しずつではありますが、食べ物を大切に思う気持ちが育ってきているように思います。苦手な野菜も食べようとする姿も見られるようになり、また保護者の食への関心にもつながっていると感じます。これからも職員間で理解を深めながら、豊かな食体験を積み重ねていき、子どもたちの食べる意欲＝生きる力につなげていけるような取り組みを続けていきたいと思います。

■実践の分析と意味づけ

■佐藤　和

【畑作ったよ】

食育の柱に「つばさっ子農園」があり、そこで菜園活動をするにあたり、まず「畑」自体を作ることから始めます。何もない所から機械で畑を耕し、子どもたちといっしょに石や雑草を取り除き土を入れます。子どもたちが自分自身で鍬を持って耕すことはどんなに子どもの心をときめかせたことでしょう。そこで素晴らしいのは「畑作り」という保育者自身も初めての体験を子どもたちと共有していることだと思います。本格的な畑での栽培活動は、時間も人の数も労力も必要ですので、実行委員会を作り地域の人からの指導を受けたのも、のちの収穫にきちんとつながっていったのでしょう。

【せんせい、あま〜い】

収穫する際には、子どもたちに野菜を「観ること」を伝え、野菜の本物の味も同時に伝えています。収穫のめやすを自分で判断したり、野菜が苦手な子も、「せんせい、あま〜い」と言ったり、友だちにつられて「本物の味」に感動します。そして、家庭に農園の野菜を持ち帰り、調理してもらい、保護者と子どもとの時間がつくられたことも良かったと思います。家庭で目を輝かせながら保護者と野菜の話をしている子どもの姿が想像できますし、保護者が野菜作りに、子どもたちといっしょに興味をもってくれたことも素晴らしいと思います。

【菌ちゃんが働く土作り】

また、給食で出た生ごみを、畑の一部で「菌ちゃん」（微生物）を使って、子どもたちといっしょに土に混ぜながら、土作りを体験させています。生ごみを小さくしてボカシ（有機微生物で発酵させた米ぬか）を混ぜ、それを土と混ぜブルーシートをかぶせて三回ほど耕し、生ごみを分解する方法です。良い土とは、有機物が含まれていて、水はけと通気性がよく、しかも保水性がある土壌だそうです。そして農薬、化学肥料を使わずに病害虫に強く、おいしい野菜ができると言われています。この実践では子どもたちといっしょに、生ごみが少しずつ土に変わるという驚きを感じ、これまで捨てていた生ごみが堆肥になり、また新たな生命を作り出すという循環の学びを同時にしていることも素晴らしいところです。都市部の保育園では、プランターなどで野菜や稲の栽培活動をして子どもたちに食の大切さを伝えていますが、つばさ保育園では、園のすぐ近くに農園をもてたことはとても恵まれています。二年間の農園活動で野菜を身近に感じ、少しずつ食べ物を大切に思う気持ちが育ってきた子どもたち。以前と比べて苦手な野菜も食べようとする姿が見られたり、保護者に関心をもってもらえたり、子どもたちが土に触れるという体験をしたことはとても良かったことと思います。土壌研究の視点では「人間は土なしに生存することができない生物のひとつである」とあります。子どもを土に触れさせるという、つばさ保育園の食農保育実践は、これからを生きていく子どもたちの食のあり方を変えていくのだと思います。

3　給食職員は一味違った保育者

■実践「保育室と給食室が知恵を出し合った食育〜二歳児を中心に〜」

■瀬海　信代・柴原　千秋／熊本県／わらび保育園

わらび保育園は、熊本県八代市のほぼ中央に位置し、木々が並ぶ公園や田畑が存在する自然あふれる環境の中にあります。創立三五年、定員一二〇名、職員二六名（うち給食職員三名）の認可保育園です。「育て自主性、そして思いやり」を保育目標に、給食の目標として「みんなと楽しく食事し、生活する」を掲げて実践しています。

【給食も保育の一環】

「噛むことが苦手な子もこのくらい小さく刻んだら食べられるかな」「このように調理すれば好き嫌いのある子もおいしく食べられるかな」と子ども一人ひとりの顔を思い浮かべながら調理しています。朝ご飯をしっかり食べずに登園する子や食べることに意欲を示さない子が年々増えてきていると感じています。給食も保育の一環として捉え、子どもたち一人ひとりの顔が見える、作ってくれる人の顔が見える給食室を目指し、保育士と給食職員が子どもを中心に意見を出し合うようにしています。季節や自然を感じさせることと、子どもたちのやろうとする意欲を引き出すことで豊かな心とたくましいからだを育て、子どもたちの育ちにつなげていこうと始めた食育の取り組みです。「二歳児れんげ組」さんの日々の生活の中でのことを報告します。

【春～お当番をやりたいな】

給食室の前にくると「おはようございます。いただきます」と挨拶をするれんげ組さん。給食室からも「おはようございます。どうぞ」と返事をします。そして、隣のランチルームでおやつを食べるのが日課です。そこに年長さんが給食の人数を知らせにくる声を毎日聞いていたれんげ組さんの二人がまねっこを始めました。楽しそうにまねっこをしている様子を見て「お当番さんをやらせてみては」と給食室から提案をすると、「いいですね」と保育士も賛成し、当番活動が始まりました。年長さんに憧れて始めた当番活動が、自分たちにもできたという喜びが自信につながりました。食器を片付けにきた保育士の「おいしかったです。片付けよろしくお願いします」の給食室への一声がまた子どもたちにコミュニケーションの大切さを伝え、感謝の気持ちを育むことになります。子どもたちのやろうとする意欲を大切にするとともにおとながモデルを示すことが大事だと考えます。

【秋～お米がビョーン、ビョーン】

部屋の前にかけ干しておいてある稲穂を見つけ、興味を示し、「これ、なーに?」と引っ張り始めた子どもたちに年長さんが「だめ、だめ。これはお米だよ。ご飯になるんだよ」と教えていました。年長さんが脱穀（コップを使って一本ずつ削る）を始めると、目を輝かせて見ていました。稲穂から脱穀までの工程を見てきたので、お米がご飯になって食べられるようになる日をとても楽しみに待っていました。そのお米を研ぐ給食職員の姿を見て、「ギュッ、ギュッと音がするね。お米が話しているね」と言ったり、「おいしくな〜れ」と呪文を唱えたりする姿が見られました。初めて見るお米の炊ける様子を間近で見せてあげたいと考えました。炊飯器ではなく透明な鍋にし、火加減がわかるようにカセットコンロを使いました。炊き始めると子どもたちの目が鍋に釘付けになり、「お米がビョーン、ビョーンと跳ねているよ」、「わ〜、白く膨らんできたよ」、「あわ、あわ」、「いいにおいがするよ」と五感を働かせて観察し、からだいっぱい使って表現していました。また、炊けたご飯を自分で握って作ったおにぎりを「おいしい、おいしい」と、いつも食の細い子どもたちもおかわりして食べていました。収穫から料理までを体験させることは子どもたちの豊かな心を育むうえで意義深いものであると実感しました。

【冬〜絵本から劇あそびに】

「あ〜ぶくたった」のわらべうたあそびが子どもたちの中で流行し始めました。「これ、クラスの流行です」と保育士から聞き、「絵本もあるよ」と伝えました。さっそく読んであげたらとても興味を示し、楽しんでくれたので、「劇あそびの中でも表現することはできませんか」と保育士から相談を受けました。そこで、絵本の中の「おしるこ作りに挑戦したら」と提案し、実践することにしました。絵本で何度も見聞きして歌ったおしるこ作りに興味津々の子どもたち。「絵本と一緒だ。ぶくぶく泡が出てきたよ」と言い、歌いながら煮えたかどうか何度も食べて確かめていました。団子作りは、日ごろ泥団子や小麦粉粘土で遊んでいるだけあって、手際よくできていました。手に粉をつけ、丸めている様子は本当に楽しそうでした。おしるこ作りは、「七ひきのこやぎ」の劇の中での団子屋さんにつながり、絵本に描かれていることを実際にやってみることで子どもたちの劇あそびにも広がりを持たせることができました。

【二月〜食育モグモグマン】

赤・黄・緑の三色群の理解を深めるために、赤マン、黄マン、緑マンの「食育モグモグマン」の話をしました。保育士が変身して劇をし、バランスよく食べることとの大切さを伝えました。「赤マン、黄マン、緑マン三人でいっしょに戦うとバイキンマンもやっつけられるんだよ」、「給食しっかり食べたから筋肉ついてきた」、「モグモグマンは一つじゃだめだよ。三ついるもんね」と給食時は友だちとの会話が弾みました。みんな好き嫌いせず残さず食べることができました。家庭でもモグモグマンは話題となり、バランスよく食べようと頑張っているとの報告を受け、園での取り組みが家庭にも広がったことを実感しました。

【まとめ〜保育室と給食室の連携】

給食室から「家庭の中で薄れている食への取り組みを園の子どもたちに伝えたい」という言葉に後押しされ、保育活動の中で食育に毎月取り組むようになりました。ただ作って食べるだけだった活動が、給食職員の立てる食育の年間計画表を基に、絵本・ペープサート・パネルシアターの活用や劇で伝えるなど、保育を工夫しわかりやすく伝えています。

○歳児から五歳児へと学びを続けることで「自ら○○がしたい」「お家で○○したよ」と言う言葉が聞かれるようにもなりました。保育士と給食職員が互いに知恵と技を出し合い、手を取り合うことにより全クラスが同じ方向を向いて取り組むことができ、また家庭への発信にもつながる内容の濃い活動になっています。

■実践の分析と意味づけ

■宮里　六郎

【子どもの育ちに即した食育～二歳児は見ることで興味を持つ】

この実践のおもしろさはお米の炊ける様子を二歳児に見せたことです。

二歳児は模倣の時代と言われ，見よう見まねでなんでもやってみようとします。やらせることよりも見せることで育ちます。言葉で学ぶより目で学ぶ時期です。人数知らせのお当番活動も年長さんのまねっこです。おにぎりを握って食べる前に、年長さんの脱穀の作業や給食職員がお米を研ぐところも見せます。そのうえ炊飯器ではなく透明の鍋でお米の炊ける様子まで見せてあげます。普段見たこともないものを見たのですから子どもたちはびっくりしたでしょう。目が釘付けになるのもわかります。「お米がビョーン、ビョーンと跳ねているよ」という子どもらしい表現に表れています。

おとながやっていることを見せることも大事ですが、普段は見られないものを見せることがこんなに興味を引くのです。透明の鍋にしたところが最大のポイントです。しかもカセットコンロで火も見えるようにしたのですから、よく思いついたものです。かわいい二歳児さんがこのアイデアを引き出してくれたのかもしれません。

【給食職員も保育者です】

保育士だけでなく保育園で働く人はみんな保育者です。この実践では、給食職員は日ごろから子どもたちが泥団子や小麦粉粘土のあそびをしていることをよく知っています。そのうえ食に関わる絵本にも目を配っています。だから「あ〜ぶくたった」のわらべうたあそびが流行しているのを聞いた時、絵本を紹介して絵本の中のおしるこ作りまで提案できたのでしょう。給食職員は給食を作るだけでなく子どもや保育の内容まで関心を持って関わる食育担当の保育者だという証です。

給食職員は、子どもの話し相手になり時にはいっしょに遊ぶこともあります。保育士とは違ったちょっとゆるーい感じの、一味違った保育者なのです。

【保育士と給食職員との連携〜思いついた方から積極的に提案を】

この実践では，まず給食職員から、当番活動、おにぎり作り、絵本の中のおしるこ作りなど、保育士顔負けのアイデアを出します。子ども好きお世話好きなんだろうなと思います。保育士ももちろんそのアイデアを受けて立って実践に移します。ただ受け身ではありません。給食職員の立てる食育計画を前もって検討しその中から保育につなげられそうなチャンスを窺っているのです。保育士の受けて立つ柔軟さも見事です。連携のきっかけは，やってみようと思った方が言い出し，それを受けて立てる関係があればいいのです。

4　障がいのある子どもの食へのアプローチ

■実践「偏食の背後にあるもの～まずは安心の居場所づくりから～」

■大迫より子／鹿児島県／鹿児島子ども療育センター

一九八四年無認可の療育の場としてスタートした鹿児島子ども療育センター（以下、療育センター）は、幾度も国の制度変更にあいながら、二〇一五年度より児童発達支援センターとして療育に取り組んでいます。（注）

食べることは「命をつくる」大切な行為です。意欲的に食べることのできる子どもは、意欲的に遊ぶことができる子どもです。遊びなどの様々な活動と食を結びつけて実践を組み立てることを大事にしています。療育センターに入園する子どもたちの中には偏食が強く限られたものしか食べられない子どもたちも多くいます。以下ではそのような子どもの一人、大ちゃんの事例を通して、療育の場における食への取り組みの一端を紹介したいと思います。

【母親の悩み、そして願い】

四歳で入園した大ちゃんは自閉症スペクトラムという障がいのある元気な男の子です。母親は二歳過ぎから育児サークルや親子療育の場を利用してきましたが、育てにくさは軽

（注）二〇一五年度は二歳から五歳までの一九人の子どもたちが、二つのグループに分かれて、九時半から一五時半まで左記のようなデイリープログラムで活動しています。

職員は、保育者九人（パート含む）、給食担当一人ですが、親も毎日二人ずつ、交代制で給食作りに加わっています。

＊ぞうグループ（年少少児～年中児）
九時半～登園・自由あそび・おあつまり・課題あそび
一一時半～給食・午睡
一五時～おやつ・帰りの会
一五時半　降園

＊らいおんグループ（年中～年長児）
九時半～登園・自由あそび・おあつまり・課

減せず一層強くなっていったとのことです。療育センター入園時の様子は、母親にしがみついて離れられず、保育者の方にからだも視線も向けることはありませんでした。

母親は子育て上の悩みをいろいろ語ってくれました。気に入らないことがあるとひっくり返って大泣きする。夜、眠ってくれない。食事はカレーライス、炊き込みご飯、チキンバー、ハンバーグ、鮭、バナナしか食べない。食事中うろうろする…。母親は何かにつけパニックになるのではないかと不安で、大ちゃんに恐る恐る関わっているようでした。偏食がなくなり、座って食事ができるようになってほしい、夜眠れるようになってほしい、安定した気持ちで日々を過ごせるようになってほしいなどの母親の切実な願いをどう受け止め、この願いにどう応えていくのか、ここから実践をスタートさせていきました。

【安心できる居場所をつくる】

偏食の理由は子どもによって様々です。感覚過敏が原因になっている場合も多いようです。大ちゃんの場合、偏食の問題のもっと背後に、人へ向かう力の弱さがあるように思いました。また、睡眠の困難さは安心してたっぷり遊ぶことが難しいことと関係しているのではないかという予測を立てました。そこで、当初の取り組みの方向としては次の二点をおさえました。①特定の保育者が大ちゃんと関わり、その大好きになった先生を支えとして、療育センターの生活が心地よいものになるようにする。②大ちゃんの気持ちを大切にしながら、大型ブランコでの揺さぶりあそびなどからだを使った感覚運動あそびをとおして、大好きな先生と遊ぶ楽しさを感じ、大ちゃんが安心できる関係づくりを大切にする。

題あそび①
一二時～給食・課題あそび②
一五時～おやつ・帰りの会
一五時半　降園

療育センターにも少し慣れた四月後半、大ちゃんの好きな大型ブランコでたっぷり遊んだ後、大好きな先生といっしょに給食に向かいました。メニューには、大ちゃんが食べられるカレーライスやバナナが用意されています。部屋の中に入りはしたものの、給食を食べることはなく、部屋から出て行ってしまった大ちゃん。しばらくして、お腹がすいているのではないかと思い、給食の先生にバナナを用意してもらいました。すると大ちゃんは保育者の顔を見た後、バナナを自分から手に取り皮をむいて食べ始めたのです。二本もおいしそうに食べた大ちゃんに「おいしいね」と共感すると、ちらっと保育者を見て一瞬表情が和らいだように見えました。

【まわりの子どもといっしょに】

お腹がすいたら好きなものであれば食べていけるはずだから、午前中たっぷり遊びしっかりお腹をすかせて食事に向かうこと、自分から食べようとすることを大切にしようと職員間で確認し合いました。お昼寝については、他の子どもたちと同じ部屋で眠ることにこだわらず、大ちゃんが大好きな先生と好きな絵本を見ながらゆっくり過ごせるようにしました。徐々に、シーツブランコや乗り物あそびをしているところに、自分もやりたそうに近づいていく姿がみられるようになりました。そんな時には、まわりの子もいっしょに誘ったりする中で、他児と場を共有して遊ぶことも多くなっていきました。やがて、大好きなからだあそびを他児と交代で楽しむようにもなっていきました。そのころより、まわりの子どもたちと行動を共にしていっしょに座ったり、給食も好きなものを中心にみんなの中で食べられるようになっていきました。

【さんまパーティーでみんなで食べる楽しさを味わう】

一一月は、大ちゃんが食べられるものの一つである魚がおいしい季節です。さんまは初めてでしたが、ぜひ旬の味を楽しむ経験をさせたい、魚の焼けるおいしそうなにおいを嗅ぎ、みんなの中で楽しみながら食べる経験を味わわせたいと思い、さんまパーティーを企画しました。さんまパーティーが始まると母親のそばで表情の硬さはありながらも「何が始まるのだろう」と、子どもたちといっしょにさんまが炭火で焼かれていく様子を真剣な表情で見て、においを嗅いでいました。魚が焼きあがると、お皿にのせたさんまの脂ののった皮を指先ではぎ取り、さんまを口元に近づけ、においを嗅ぎ、そして自分からさんまの身にかぶりついていきました。いつもはあまり食べないおにぎりもこの日は三個も食べ、まわりをびっくりさせました。

みんなといっしょにさんまパーティーを楽しめた大ちゃんは、この経験が大きな自信につながったのでしょう。その後は、お昼寝もみんなと同じ部屋でいっしょに眠れるようになり、夜も安心して一定時間眠れるようになっていきました。大好きな先生がそばにいなくても、同じグループの子どもたちが近くにいれば安心して過ごせるようになりました。

【おわりに】

人へ向かう力に弱さを抱えていた大ちゃんに対して、まず、好きなあそびをとおしておとなの働きかけを心地よいと感じられるような関係づくりを進めることから始めました。

大好きなおとなを支えに、子どもは仲間の中で「ぼくも〇〇したい」という要求をふくらませ、自分の世界を広げていけるようになります。結果として、抱えている困難も自ら乗り越えていくようになるのではないでしょうか。最近、大ちゃんは家でも食事の準備を自分からするようになり、ご飯も自分でよそい、家族と食卓を囲んで座って食事を楽しむようになってきたと、母親がうれしそうに語ってくれました。

■実践の分析と意味づけ

■黒川　久美

偏食がある、夜寝てくれないなどの悩みは毎日のことですから母親にとって大変つらいことです。保育者は、母親の語る日々の子育ての大変さにじっくりと耳を傾け、受け止めていきます。そしてこれからはもう一人で悩まなくていいこと、いっしょに子育てをしていきましょうと母親に伝えて実践をスタートさせます。

【偏食の背後にある「人へ向かう力の弱さ」を見抜く】

母親は偏食を大変心配して、食べられるようになるいい方法はないかと焦っているようでした。大ちゃんの場合はいくつかのものを食べることはできています。よって受け入れられる食材の幅を少しずつ広げていけばいいのではないか、と食事それ自体のところで問題を解決する方法を考えがちです。療育センターではそのような方向での実践展開ではありません。保育者は先ずは安心できる居場所づくりから取り組んでいます。すなわち、抱えている困難それぞれに対して対応策を別々に練るのではなく、大ちゃんの抱える様々な困難の背後には、入園当初の新しい場所や人に対する不安な姿に見られたように、「人へ向かう力の弱さ」があることを見抜き、そこへの支援をていねいに行っていくのです。こうして実践記録にあるように、大ちゃんは大好きな先生ができ、その先生を支えにしながら、受け入れられる世界を少しずつ広げていくことになったのです。

【さんまパーティーが大ちゃんを変えた理由《わけ》】

まわりの子どもたちと場を共有して遊んだり、給食の時間を共にするようになってきた大ちゃんは、さんまパーティーでさらに一まわり成長していきます。何が大ちゃんの変化をよび起こしたのでしょうか。一つには、「旬の味を楽しむ経験をさせたい」、「魚の焼けるおいしそうなにおいを嗅ぎ、みんなの中で楽しみながら食べる経験を味わわせたい」という保育者の熱い思いと、受け入れられる世界が徐々に広がってきた大ちゃんだからきっと楽しめるはずだという保育者の子ども理解があったこと。二つには、炭火でさんまが焼きあがるプロセスを目のあたりにすることができたこと。三つには、仲間の中で、おいしそうなにおいを嗅ぎ、「まだかな、まだかな」と焼きあがるまで待つという心地よさを体験したこと。こうしたことが初めてのさんまにかぶりつき、おにぎりを三個も食べる「豪快な」大ちゃんの姿を生み出したといえましょう。こうして、仲間と共にした「楽しいね」「おいしいね」という食の体験が、仲間に目を向け自ら世界を広げ、主体的に生活をつくることにつながっていったのだと思います。まさに「食べることは生きること」なのです。

5　食物アレルギーに取り組んで

■実践「今日はいっしょの日〜みんな同じ、うれしいな〜」

■野中美乃里／福岡県／ちどり保育園

ちどり保育園は、福岡にある認可保育園で、四二年を迎えました。定員は二〇〇名で朝七時から夜八時まで長時間保育をしています。延長保育では夕食も出しています。給食室は園舎の中央にあり、音やにおいもいっしょにカウンターごしに、子どもたちとのやり取りができる造りになっています。給食職員は正規三名、非常勤二名です。子どもの発達段階を考慮した食事の対応、薄味で食品そのものの味やだしの甘味を大切にする、食物アレルギーへの対応をし、食文化を伝えることを大事にしてきました。

【アレルギー食と誤食】

二〇一四年度は七名の食物アレルギー児がいました。そのうち、対応食を実施しているのは三名でした。三歳児Ａ：卵、牛乳完全除去・三歳児Ｂ：卵一部、甲殻類、ナッツ類完全除去・四歳児Ｃ：卵、そば、ナッツ類完全除去。三名ともアナフィラキシー（注１）既往があり、そのうちエピペン（注２）を携帯しているのは一名でした。年々、食物アレルギー児は増え続け、症状も様々です。こうした中、給食室ではいろいろ工夫してきました。

（注１）アナフィラキシーとは、食物アレル

鍋やまな板を区別し、個別に作る。食器を区別し、専用のトレーにのせ、写真入りのアレルギー除去カードと共に提供する。テーブルを別にする。このような誤食を起こさない工夫をしてきました。一人ひとりの食事が違っていて、何度も名前を言いながら調理をしています。

しかし、誤食が起こってしまいました。土曜日や延長保育など、担任以外の職員が関わる時に起こる。食事時間直前まで、冷蔵庫で保管していた対応食を出し忘れる。保育室で誤配してしまう。私たちは、安全な給食を提供しなければならないのに、重大なことをしてしまったと反省し、給食室、保育室、職員全体に知らせ、もう一度、誤食が起きた経過や、どうしたら誤食が起こらないかなど、職員で組織的に確認しました。

【誤食を防ぐための知恵とさらなる解決策】

誤食を防ぐための解決策として職員間で再度確認し合ったことは次のとおりです。

・給食室では年度始め、子どもが慣れないうちは、クラスみんなが同じものを食べられる給食内容にする。

・保育室との連携が重要であるため、年度始めの方針会議や職員会議で、そのつどアレルギー児の確認をする。また、アレルギーについての学習をする。

・クラス担任以外でもわかるように、事務室や休憩室に名前と顔を一致させるために写真を貼り、全員で確認する。

・対応食があるクラスは、食事前に給食室と食事内容の確認をする。

ギーでは軽症例も多いが、重症例になると強い咳込み、息苦しさ、繰り返す嘔吐、さらに意識障害になる一連の反応（アナフィラキシー反応）が起き、血圧が低下、脈が触れないショック状態になり死亡例も起きている。注射製材（エピペン）が、食物アレルギーにも使えるようになった。

（注2）エピペン（注射製材）とは、血圧低下など起きた時、主に大腿部に洋服の上からでも注射できる製剤。保育所では、アナフィラキシーなどの重篤な反応が起きた時、病院に救急搬送する前に使用できるよう推奨され、全国で普及してきている。

・担任以外の職員でも、アレルギー児の欠席の連絡を受けた場合は給食室に連絡する。
・保護者との連携では、四月に保護者、クラス担任、給食室とで面談をして対応する。
・アレルギーを持つ子どもの保護者同士で交流し、学習や意見交換をする。
・年一回は、嘱託医と連携し、エピペンに対する基礎知識や対処法を講習してもらい、職員、保護者間で学習する。

【みんなと同じものが食べられた】

アレルギー対応食では、食材や調理の工夫をしながら、日々試行錯誤し、喜びも失敗もありました。以前から、みんなと同じカレーが食べられない子のために、見た目も味もみんなと同じように、かぼちゃのカレーを作って努力してきました。アレルギー児がそれを何度もおかわりしたり、みんなと同じお皿で食べられるのがうれしくて、よく食べるようになったことなど、保育者を通じて子どもたちの様子を聞き、そのたびに私たちもみんなで喜び、「次はこうしてみよう」などと、励みになりました。

最近では、アレルギー対応の食材（米粉パン、米粉のミックス粉、乳製品を使わないマーガリン、卵を使わないベーコン、卵、乳製品を使わないソフトフランスパンなど）が手に入るようになり、少しずつ調理の幅が広がってきました。

また行事食では、五月の節句のおやつでソフトフランスパンをアレンジした、こいのぼりパンを作りました。みんなが同じものを食べられた「今日はいっしょの日」でした。

一二月のクリスマス会食では、クリスマスに欠かせないクリームシチューを作りました。野菜たっぷりの鶏がらスープに豆乳を入れ、片栗でとろみをつけました。こぼれても大丈夫なクリームシチューをみんなで食べました。（注３）

【今後の課題】

アレルギーを持つ子もそうでない子も、「他の子と違う物を食べる」ことや、健康のために何が安全で、何が危険なのかということも、自分でコントロールし、自分の身は自分で守るようになっていく環境をつくっていくことが今後、就学に向けての課題の一つです。

この実践をとおして、保育室、給食室、保護者の連携の大切さをあらためて感じました。これからも、食を通して「おいしく食べる」心やからだをつくることは、命を大切にすることにつながっていることを、子どもたちに実践をとおして伝えていきたいと思っています。

■実践の分析と意味づけ

■松下　賢治

ちどり保育園は、二〇〇名という保育園児を預かりながら、子どもの発達段階を考慮した、ていねいな食事対応がなされています。夜八時までの延長保育では、夕食まで提供しています。給食室を園舎の中央に配置し、音やにおいを感じられるようにしたり、薄味で食品そのものの味を伝えるなど食文化を大切にしています。食物アレルギーにもていねい

（注３）アレルギー児は、こぼれたものに触れても反応を起こすことがある。

に対応しています。

二〇一四年度は、七名ものアレルギー児を受け入れ、食器やトレーで区別したり、写真入りの除去カードをつけたりと様々な取り組みがなされていました。鍋やまな板を個別にするなど、細心の注意を払いながら調理していたにもかかわらず、誤食が起きてしまいました。誤食が起こるのは、土曜日や延長保育など担任以外の職員が関わる時や保育室での誤配などです。職員、保護者との学習とともに、アレルギーの内容と名前と写真を、職員全員で確認できるようにするなど誤食を防ぐための対策に組織的に取り組んでいる報告でした。誤食への対応は、いつ起きてもおかしくないことを前提にした準備が必要です。

食物アレルギーを持つ子どもでも、みんなと同じものを食べたい気持ちを持っています。そんな気持ちを大切にするため、ちどり保育園ではこれまでも、見た目も味も同じものを作る取り組みがなされていましたが、アレルギー対応の食材が入手できるようになって、調理の幅が広がってきたということです。そこで、アレルギーを起こさない食品をみんなで食べる日を設けました。「いっしょの日」には、アレルギーを持つ子もそうでない子もみんなが同じものを食べられた、その喜びが伝わってきます。このような取り組みは、全国各地の実践で報告されるようになってきました。

食事をとおして保護者のうれしさも大変さも受け止める給食室でありたい、そう願う園の努力に敬服します。

6　保護者との関わり

■実践「保護者とつながるスケッチブック」

■砂子勢かおり／福岡県／まつぼっくり保育園

まつぼっくり保育園は福岡市東区にある九州大学の構内にある保育園です。現在児童数は一〇三名、職員は二七名、そのうち給食職員は四名で園独自の献立で完全給食を行っています。また二一時まで開園しており、そのため延長保育の給食も作っています。昼の給食とおやつは約一一〇食分、延長保育（三時間延長実施）のおやつと給食は約三〇食分を作っています。

【今日、のびるのお味噌汁作って】

お散歩の途中に見つけたのびるを持ってきたぞう組（年長児）さん。「のびる食べられるかな？」と聞きに来ました。食べられることを伝えると、次の日にはのびるを両手いっぱいに抱えて戻って来ました。採ってきたのびるは「お家に持って帰りたい」という子どもたちの意見で、各家庭に持って帰りました。その日の夕方、子ども「今日、のびるのお味噌汁作って～」　保護者「明日の朝ご飯やね」という会話が聞かれました。子どもたちに、食を真ん中に笑い合えるような活動や、食べ物って「おもしろい」と発見できるような活動をもっと増やしていきたいと思い、まずは昼食時やおやつの時間に子どもたちの様子を見ることから始めました。

【子どもたちと触れ合うことで、発見もいっぱい】

各クラスに、スプーンや箸の持ち方、食べる姿勢や様子などを見に行き、そこでは子どもたちの食べ込みの様子や味付けや食材の大きさ、固さなど様々な点から発見がありました。ぞう組さんとのお団子作りでは「これ何でしょ？」との問いに、色を見たり、においを嗅いだり、自分が知っているもので例えたりと想像を膨らませながら答え、会話や遊びの中でも経験したことが土台となって表現する力となることを感じ、子どもたちと触れ合いながら食の経験を増やしていこうと思い、各クラスでの活動を増やしました。

子どもたちの目の前で果物を切ったり、おにぎりを握ったりもしました。また野菜の皮むきやすじとりのお手伝いもしてもらいました。取り組みの中で子どもたちが食材に触れることや食事の時に食べているものの話をすることで興味をもったり、覚えたりしていくこともたくさんありました。少しでも子どもたちが食に関心を持てるように、今の食事の様子や食との関わり方を振り返ってみることが必要だと感じました。

【家のご飯と保育園の給食】

職員会議の中で、子どもたちの家庭での食事の様子が議題にあがりました。デイリー（保護者に毎日、起床時間や朝食などを記録してもらう書類）を見ても朝食はパン食が多く、保護者との懇談で「食事作りが苦手で夕食はお惣菜を買うことが多い」と聞くなど、どうやって作ったらよいかわからない保護者が増えてきているという話がでました。家庭と保育園との食生活の違いが大き過ぎて給食が食べられなくなっている子もいました。そこで給食室からも保護者に向けて何かできないかと考えました。

【子どもの姿を伝える給食だより】

まずは、給食だよりの内容を変えていきました。それまでは、新聞記事から抜粋したものを載せたり、「わかってほしい、知ってほしい」という私たちの思いばかり一方的に書いており、保護者の気持ちに寄り添えていませんでした。そのため、給食だよりを読んでもらえていないなと感じていました。会議の中でも、「一方的に書くだけでは読まない。子どもの姿など入れると読むよ」と言われました。そこで保育の中でいっしょに取り組んだ活動や小さい子でもみかんの皮を自分でむいて食べる様子などのエピソードにコメントを添えて伝えるようにしました。

【サンプルケース・スケッチブックがつなぐ交流】

次に取り組んだことは、サンプルの展示に加えてメッセージを書くようにしたことでした。普段なかなか保護者の方とお話する機会がありません。スケッチブックには、子どもとの会話や食事の様子、給食作りをとおして感じたこと、簡単なレシピや料理のコツなど様々なことを書くようにしました。このメッセージをとおして「なに？　これ」「なんか、おもしろそう」と、まずは立ち止まってもらうことを目標にしました。そして、最終的には、「へ〜そうなんだ」「じゃあ、うちでもやってみよう」というようなアクションを起こすきっかけ作りになればいいなと思って始めました。

お迎えの保護者が行きかう場所にサンプルケースはあります。意識してその場で書くことで保護者と顔を合わせる機会が増えていきました。「おかえりなさい」のあいさつから少しずつ会話をするようになっていき、「この前、作ったよ」などと声をかけてもらえるようになり、少し給食室が身近なものになってきていることが感じられました。書いている途中に、園庭で遊んでいる子どもたちもそばに寄ってきて「今日はこれがおいしかったよ」と教えてくれたり、サンプルをいっしょに並べたりと交流が増えてきました。始めたころは、書きたいことをどのように表現したらよいのかずいぶんと悩んだこともありましたが、子どもたちとの会話の中から生まれた小さな発見や、残菜が多くて悲しかったことなど些細な出来事も取り上げ、楽しんで書くようになっていきました。すると、最近では立ち止まってメッセージを読んでいる保護者の姿がひとりふたりと増え、少しずつですが手ごたえを感じているところです。これからも続けていきたいと思います。

【まとめ】

まだまだ、サンプルケースや給食だよりを見ない保護者もいます。そういった保護者へのアプローチの仕方や「これならやってみようかな」と思えるようなレシピの提案などが今後の課題です。子どもの姿をとおして保護者に伝え、子どもや保護者の気持ちに寄り添いながら、子どもが「食べたい」「食べることが楽しい」と思えるような給食作りや食育活動をしていきたいと思います。

■実践の分析と意味づけ

■中村千恵子

【子どもと関わることで】

まず、給食室を出て、食事の時間に子どもたちの様子を見に行きます。食べ方や味、野菜の大きさや切り方など子どもたちの姿をとおして発見することがたくさんありました。また、どんな会話や活動が、子どもたちの食への関心を高めるのかが見えてきました。実際に野菜に触れることや目の前で果物を切るなど食の経験を増やすことにも取り組んでいます。この取り組みは、保護者へのアプローチにもつながっていきます。子どもの様子を伝えることができるようになったのです。給食室を出て子どもに関わる時間をつくるのは、給食室にとっては至難の業です。それでも、時間をつくって得るものは大きいのです。子どもたちと関わる中で気になる子どもの姿にも出会います。給食を「食べられない」子どもです。「作るのが苦手で、夕食はお惣菜を買って帰ることが多い」と話してくれた保護者がいました。惣菜はおとな向けに味付けされています。つまり、子どもにとっては濃い味です。また、好きなものばかりを選んで野菜や酢の物などは敬遠されがちです。薄味の保育園給食との間にギャップが生まれます。

朝食の菓子パンも気になります。すぐにお腹がすいたり、逆に甘さからくる満腹感で給食が進まないことがあります。給食室からもっと保護者に寄り添った内容で発信することができないかと考えます。そこで取り組んだのが、子どもの様子を伝える「給食だより」

と「スケッチブック」での交流です。職員会議での保育者の発言もヒントになりました。

【スケッチブックをとおして広がる会話】

その日の給食をサンプルケースに展示しています。その横に、スケッチブックを置きます。スケッチブックに書かれる内容は、給食室から保護者へのメッセージです。ちょっと立ち止まって興味や関心をもってもらうことが目標です。イラストもつけて、読みやすく工夫しています。レシピの紹介にとどまらず、給食を作っていて感じたことや子どもたちとの関わりで発見したことや思ったことなどを書きます。そこが、大事なポイントだと思います。豆知識や作り方も興味がある人にはおもしろい内容です。あまり食に関心がない人にとっては、失敗談や子どもとのやり取りがおもしろく感じるのではないでしょうか？

感じたことを共有すると親しみを感じます。自然と会話も生まれます。お迎えの保護者と子どもが通る場所に設置したこともポイントであり、その場で、スケッチブックに書く作業をするのもいいですよね。ついつい話しかけたくなる雰囲気ができます。サンプルケースはしゃべりませんが、スケッチブックは語ってくれます。

【給食室から一歩踏み出す】

この実践は、給食室から、保育室やサンプルケースの横に、踏み出したことが素敵です。子どもの言葉や保護者の言葉、そして保育者の言葉に耳を傾けて、自分たちにできることを考えています。このスケッチブックの取り組みは、他園でも実践が始まっているようですよ。つながる・ひろがる九州合研です。

コラム

■九州合研集会における講座

田中　洋

九州合研集会では、毎回、入門・基礎・特別・市民などを冠した様々な講座が開かれています。講座が、これまでどのように取り組まれてきたのか、時期を追いながら振り返ってみましょう。

一　黎明期（第一回集会～第一〇回集会）

九州合研集会の最初の一〇年間は、講演（基調報告）と分科会で構成されており、まだ講座は開かれていませんでした。分科会も研究（集団づくり）と運動の二本立てで、『九州の保育』（一九八九）にあるように、地域ごとの自主的研究活動の成果を持ちよって交流を行っていました。

二　模索期（第一一回～第二〇回）

第一一回集会（大分）から初めて「入門講座」が開かれるようになりました。内容は、「集団主義保育のめざすもの」（田代高英）と「幼保一元化をめぐる問題」（有吉英樹）でした。これまでの活動を踏まえ、より広い層（若手や初めて参加する保育者）に九州合研集会の成果を伝えるとともに、取り組むべき保育の課題を提起する機会を創ったといえるでしょう。

その後、講座の数は増え、保育情勢に関する講座や集会開催地における独自の活動を紹介する講座（特別講座）なども開かれるようになりました。

三　発展期（第二一回～第三〇回）

この時期には、入門講座、基礎講座に加え、特別講座が常設されるようになり、現在の集会形式の基礎が出来あがりました。集会参加者が千人規模で安定し始めたのも、この時期です。

その一方で、講演などに代わり、記念シンポジウムを開催するなどの新しい取り組みがなされるようになりました。

四　充実期（第三〇回〜第三四回）

第三〇回集会（佐賀）から分科会構成が新しくなり、三本柱（Ⅰ　子どもの生活と発達を踏まえた保育を創造するために、Ⅱ　基本となる保育内容と活動を豊かにするために、Ⅲ　保育要求の実現と保育条件改善のために）が確立しました。その一方で、新しい模索も始まり、講座の構成も多様なものになっていきました。

この時期から一般向けの市民講座が始まりました。九州合研集会で大切にしてきたことがらを保育者以外の人びとに伝える機会を創ったといえるでしょう。

五　安定期（第三五回〜現在）

この時期に入ると、現在の集会形式が完成し、九州合研常任委員会並びに九州実行委員会と現地実行委員会が連携・協働して、組織的に、また安定的に集会運営が行われるようになっていきました。

集会参加者も常時千人を超えるようになり、講座も現在の形式になってきました。常任委員会主体の講座（集団づくり、乳児保育、保育情勢など）に加え、開催地のニーズに応じた講座や現代的な課題を取り上げた講座など、広く保育者の興味・関心に応える内容の講座が開かれています。また、第四〇回集会（長崎）以降は、ブックレット出版にあわせた講座も開かれるようになりました。

保育園で作る郷土食レシピ

(1) 福岡県　筑前煮

(材料) 以上児1人分

鶏肉	25g	いんげん	6g
厚揚げ	20g	干し椎茸	1.2g
じゃがいも	36g	煮干し	0.5g
こんにゃく	10g	油	0.5g
にんじん	17g	砂糖	1g
大根	17g	醤油	2g
ごぼう	17g	みりん	0.8g

(作り方)

①煮干しでだしをとる。(30㎖)
②下処理した材料を1.5㎝の角切りにする。ごぼうは乱切りに切っておく。
③油で鶏肉を炒め、厚揚げ以外の材料を全て加え、だし汁と調味料を加える。
④厚揚げを加えてさらに煮込み、最後にいんげんをちらす。

(2) 佐賀県　ひなた村のシシリアンライス

(材料) 以上児1人分

A半付米	18g	にんにく	0.02g
玄米	18g	すりごま	1.3g
押麦	4g	トマト・きゅうり	各13g
スキムミルク	2g	黄ピーマン	8g
牛肉	45g	レタス	20g
玉ねぎ	12g	Cマヨネーズ	4g
Bてんさい糖	2g	ヨーグルト	3g
醤油	1.7g	レモン汁,スキムミルク	各0.4g

(作り方)

①Aの材料を混ぜて1.2倍の水でお米を炊く。
②牛肉とくし切りにした玉ねぎをBの調味料で炒め、すりごまを入れる。
③トマトは湯むきをし、角切りにする。きゅうりは小口切り、黄ピーマンは短い千切りにして蒸す。レタスはちぎって水気を切る。
④ご飯の上に水気を切った③、②を順にのせてCのソースをかける。

(3) 長崎県　浦上そぼろ

(材料) 以上児1人分

豚肉	20g	三温糖	2g
そぎごぼう	20g	みりん	1g
しらたき	15g	淡口醤油	1.5g
もやし	12g	濃口醤油	1.5g
にんじん	15g	サラダ油	1g
さやいんげん	4g		
干し椎茸	0.5g		

(作り方)

①豚肉、にんじん、椎茸は千切りに切る。
②もやしはさっと茹で、2、3カ所包丁を入れる。しらたきは切って湯通しし、さやいんげんは下茹でしたものを千切りに切る。
③椎茸のつけ汁に豚肉、ごぼう、にんじんを入れて煮る(豚肉は固まらないように)。
④椎茸、しらたきを入れて調味し、最後にもやしとさやいんげんを入れる。

(4) 熊本県　馬すじ入りおでん

(材料) 以上児1人分

大根	35g	馬すじ	25g
じゃがいも	25g	だし(昆布、かつお)	150g
ゆで卵	25g	淡口醤油	3g
こんにゃく	25g	みりん	2g
てんぷら	10g	塩	少々
にんじん	20g		
厚揚げ	20g		

(作り方)

①馬すじと厚揚げは、油抜きしておく。
②下茹でした野菜と馬すじ、だし汁を鍋に入れ、淡口醤油、みりん、塩で調味する。
③ゆで卵、厚揚げを加え、野菜に味がしみ込むまで炊く。
④てんぷらを加え、さっと煮て皿に盛り付ける。

第3章

食べることは生きること

1　和食文化を子どもたちに～一汁三菜・旬・おすそ分け～

■急速な洋食化

子どもの食事は、命をつなぎ、心とからだを育て、その子の一生を支える原風景となるものです。しかし最近の食事情は家族といっしょに手作りのものを食べるという習慣も少なくなってきています。保育園の保護者アンケートでも、共食から孤食、中食、外食の増加が心配されます。

日本の食を振り返ると戦後、急速な洋食化が進み、世界中の食物を食べるようになり、肥満や糖尿病などの生活習慣病も増えています。終戦後ＧＨＱにより小麦を使った学校給食が提供されたことをきっかけに、日本はアメリカ農産物の一大消費地になっています。現在でも給食にパンは欠かせませんし、米飯の時にも牛乳は必須です。ＴＰＰ（注）や食料自給率問題も七〇年前のそれに起因しているのだと思います。

■一汁三菜は和食の基本

和食と言えば、てんぷらやお寿司、すき焼きなどを思い浮かべる人も多いかもしれません。本来、日本の伝統食は、その地域、風土、時代に根ざしながら、食べつないできた日本の歴史そのものです。ご飯を主食に、小魚・豆・野菜・海藻類を多く摂取し、栄養価の

（注）ＴＰＰとは、「環太平洋経済連携協定」のこと。参加国（米など一二カ国）が輸入品にかける関税を取り払ったり、貿易や投資のルールをそろえたりすること。国会決議で例外とされた、「米と麦、牛・豚肉、乳製品、砂糖」など重要五品目でさえ関税撤廃を受け入れる交渉が進められており、日本農業に大きな打撃を与える。また遺伝子組み換え食品や食品添加物などの安全基準が緩和され食の安全も脅かされるため、農協や生産農家そして消費者団体が反対運動を展開してきた。二〇一六年六月現在ＴＰＰ関連法案は国会で承認されていない。

高い漬け物や味噌などの発酵食品、その他乾物・干物などを主としてきました。一汁三菜を日本食の代表とするならば、ご飯と汁物と煮物、魚、漬け物の組み合わせは、日本人のDNAにあった栄養食なのかもしれません。また、ご飯とおかずを、口の中で混ぜ合わせて食べる独特の食べ方の「口中調味」は、味わいの面でも高い文化性を持っていると言われています。

■旬の食べ物は健康の源

日本には春夏秋冬の四つの季節があり、私たちの生活もそれに合わせて変化します。昔は春になれば毒消しの野草を食べ、夏はからだを冷やす瓜類、秋はエネルギーを蓄えておくために穀類や豆類、冬はからだを温める根菜を食べ、まさに旬の食べ物は健康の源でした。日本人は、その見えない自然の力で生かされていることを知っていました。

ところが現在は、自然や季節は関係なく好きなものばかり食べ過ぎて様々な病気を招いているのです。今こそ旬を意識した和食を見直す時に来ていると感じます。

■おすそ分けの喜び

祝い事にはお赤飯、桃の節句にはちらし寿司、端午の節句にはちまき、お彼岸にはおはぎ、そして正月には餅つきにおせち料理、と数えきれないほどの行事食を大切にしてきました。行事食をとおして家族を思い出す人も多いと思います。

行事食の由来は様々ですが、健康や幸せを祈願して食事を作り、それを振る舞うといったおすそ分けの文化なのです。

■命をいただく

日本人であれば食事の前に当たり前に口にする「いただきます」は、まず料理を作ってくれた人、野菜を育ててくれた人、魚を取り、牛や豚を育ててくれた人への感謝の言葉です。そしてもう一つは、食材となったすべての命そのものに対して、命をいただいて自分の命を作るという有り難さからの言葉です。食事はただ空腹を満たすだけのものではありません。命を「いただきます」の意味を子どもたちにも伝えたいものです。

和食は栄養バランスがよく低カロリーで健康によいことは世界的にも有名ですし、日本人の嗜好はまだまだ米や味噌を好むというデータもあります。今後、様々な変化を遂げながらも和食文化は続いていくと思います。そのためには、幼い時から味噌や醤油そしてだしの味のおいしさを伝え、おとなや友だちといっしょに栽培したこと、調理したこと、手作りの料理で祝ってもらったことなどの記憶が子どもの心に残っていくようにしたいものです。それが将来食文化を伝承していくことにつながるのだと思います。

■佐藤　和

2　子どもの貧困は食の貧困

■六人に一人が貧困家庭で育つ

みなさんは、この時代に生まれてきてもお腹いっぱいに食べられない子どもたちがいることをご存じでしょうか。平均的所得の半分に満たない世帯で暮らす人の割合を示す「相対的貧困率」（注1）を政府が初めて公表したのは二〇〇九年のことでした。全体の貧困率は一五・七％、一七歳以下の子どもの貧困率は一四・二％でした。厚労省によると、二〇一二年時点では子どもの貧困率は一六・三％となっています。日本の子どもたちの実に六人に一人が貧困状態にあることになります。おとな一人で子どもを養育している家庭（主としてひとり親家庭）（注2）の貧困率は五四・六％にも及び、ＯＥＣＤ加盟三四か国中ワースト一位です。

山形大学の戸室健作准教授の研究（注3）によると、生活保護基準以下の収入で暮らす子育て世帯の割合が一三・八％（二〇一二年）となっており、過去二〇年で倍増したということです。都道府県別では、貧困率が高い順に、一位沖縄（三七・五％）、二位大阪（二一・八％）、三位鹿児島（二〇・六％）、四位福岡（一九・九％）…と続き、九州各県は、佐賀・大分を除き全国平均を上回る貧困率となっています。

（注1）相対的貧困率とは、厚労省によれば、一定基準（貧困線）を下回る等価可処分所得しか得ていない者の割合をいう。貧困線とは、等価可処分所得（世帯の可処分所得すなわち、収入から税金・社会保険料等を除いたいわゆる手取り収入を世帯人員の平方根で割って調整した所得）の中央値の半分の額をいう。

（注2）おとな一人で子どもを養育している

■貧困は食の貧しさにつながる

子どもの貧困は、食生活に直結し、生涯にわたって影響を及ぼします。生活がきびしくなった時、切り詰めるのは食事です。空腹を満たすために、インスタント食品など安くて量の多いものに頼らざるをえない状況となります。

保育園でこのようなことがありました。お泊まり保育のメニューを何にするか子どもたちと話し合った時、保育者が「晩ご飯何にしようか?」と問いかけると、A君は「〇〇ラーメン」（カップラーメン）と答えます。友だちから「そんなの変だよ」と言われると、「じゃ△△麺」（カップ焼きそば）と言うのです。A君にとってカップ麺が日ごろなじんでいる夕食なのでしょう。お腹いっぱいに食べることができても、栄養バランスを考えた食事にはほど遠い状況です。

保育園に持参するご飯を炊けずにコンビニのおにぎりを一個持たせる家庭やいつ炊いたかわからない黄ばんだご飯をお弁当箱に詰めて持ってくる家庭もあります。自分自身も貧困家庭で育ちどう料理していいのかわからず、コンビニやスーパーのお弁当を買うしかない家庭も多くなってきたように思います。生活のきびしさは食にしわ寄せされるのです。

三食食べられる子どもたちはまだいい方で、小学校では、必要な栄養を給食のみに頼っている子どもの話が聞かれ、月曜日の給食を待ちわびる子どもの姿から、「日曜ネグレクト」という言葉も生まれているということです。長期休み中はさらに深刻で、休み明けにげっそり痩せて登校する子どもの話に胸が痛みます。

家庭という場合の「おとな」には親以外の世帯員も含まれるため、「祖父（母）と子ども」といった場合も考えられ、「ひとり親世帯」とイコールではありません。

（注3）戸室健作准教授の研究は、二〇一六年三月、新聞報道された。研究の詳細は戸室健作著「都道府県別の貧困率、ワーキングプア率、子どもの貧困率、捕捉率の検討」と題して『山形大学人文学部研究年報』第一三号（二〇一六年三月）に収録されている。

■保育園も家庭を支える福祉施設

貧困対策として、国は「子どもの貧困対策の推進に関する法律」を二〇一四年一月に施行しましたが、生活保護法の引き下げや就学援助の基準の引き下げなど同時に行われたため、子どもたちへの十分な支援となっていない現状にあります。まずはどの子どもも豊かに育っていけるだけの所得保障と、社会保障の充実が大きな課題となります。

民間ではＮＰＯなどによる、親と食事をいっしょに食べられない子どもたちに夕食などを提供する子ども食堂や、企業から集めた食料品を貧困家庭に届けるフードバンクなどの活動が取り組まれるようになってきました。子どもたちのお腹を満たすだけでなく、孤立しがちな家庭が社会とつながる重要な役割を果たしています。

保育園でも、朝食を食べてこない子にそっとおにぎりを食べさせたり、お迎え前に赤ちゃんを入浴させミルクを飲ませて満腹にしてから帰すようにしたり、衣類のリサイクル（「いいものさがし会」）をして家庭を支える取り組みを行っているところもあります。身近な児童福祉施設である保育園で生活困窮にある家庭を支えていくことが求められているのではないでしょうか。

■愛甲　明実

3　医療から見た子どもの食とからだ・健康

小児科医として、子どもの病気の正確な診断や治療とともに、環境・食生活を重視してきました。中学校の校医を一〇年し、今幼稚園や認可外保育園の園医もしています。中でも食が健康に与える影響に注目してきました。

■増えてきた皮膚アレルギー疾患、生活習慣病の改善のために食の見直しを

私自身が、パン、卵、牛乳給食が開始された世代です。アレルギー疾患では、卵、牛乳などの高たんぱく食を減らすことで、皮膚のかゆみ、鼻炎の症状が軽くなることを学び、除去食物療法に取り組んできました。そして制限だけでなく、栄養の偏りが生じないように、栄養士と連携しながら食事へのアドバイスなど工夫しています。最近は、食べられる食品の幅を広げたいという親の要望に応えるための急速食物負荷テストも行われています。重症皮膚アレルギー症状を改善させるのに、腸内環境改善に注目した取り組みも話題になっています。

また、家庭では肉や砂糖、塩、油が多い西洋型食生活の普及や手軽に買えるおやつが増え、カロリー増による肥満の増加も指摘されるようになっています。生活習慣病を改善するために、食生活や運動が見直されるようになってきました。

■食の安全や味覚異常にも注意を

食品添加物の使用増加は以前から指摘されていましたが、今話題のＴＰＰが批准されると、食物の外国からの輸入がさらに増加し、食の安全性が危うくなります。農薬混入食材や遺伝子組み換え食品も増えることが予想され、健康被害が引き起こされる危険性が増大します。

また、人工的な食べ物は、子どもの味覚を変化させ、味覚異常が年々増加しています。小児科外来では、離乳食の開始時期から味覚教育として、カツオや昆布だしの活用を勧めています。

■家庭での食生活の課題

家庭での食事のとり方は、子どもへの影響が大きいものです。最近ご飯が苦手な子を見かけます。親の食への関心が、子どもの好き嫌いにも影響していきます。以前から野菜嫌いは親の悩みの一つでした。野菜のもっている苦さを克服するために、煮物野菜を活用する、食事の前にお腹をすかせる、生の野菜を食べたらほめることなども有効ではないでしょうか。

最近小児科外来では、頑固な便秘の相談も増えてきています。野菜、海藻など繊維の多い食事を三倍量増やし、腸が目覚めるための早起きの実践、パン食からご飯食に変えることにより便秘が改善する例があります。かつて子どもの骨折が多い県の朝食の調査で、パン食、牛乳だけの食事が多いことが報告されていました。ご飯、味噌汁、野菜など日本型食事が子どものからだ・健康にとって重要であることをあらためて確認したいものです。

■伝えたい養生法

夜遅く食事をとり過ぎて、朝、食欲がない子どももよく見られます。胃腸への負担を減らすために夜の腹七分を意識した養生法が大事です。また幼い時からの冷たい人工飲料の取り過ぎによる虫歯、冷え症、下痢の増加も指摘されています。気温の変化に対応できず、風邪をひきやすい子どもも増えています。薄着やお風呂の後の冷水摩擦などを勧めています。

■松下　賢治

4 「健康・食・生活リズム」分科会のあゆみとこれから

■食育基本法以前の分科会〜離乳食・アレルギーなど給食職員の情報交流中心

九州合研参加者は、集会要項でどんな分科会があるのかを知り、提案集を読みながら、どの分科会に参加するかを決めます。給食室で働くみなさんが選ぶのが、この分科会です。給食職員からの提案をとおして、安心安全な食材のこと、食器のこと、調理方法やレシピ、給食室の作業分担のやり方、離乳食の進め方、献立の立て方など具体的な内容の討議を積み重ねてきました。

増えてきた食物アレルギー児への対応については、一人ひとりの子どもに合わせての具体的な配慮や除去食の作り方を成功例も失敗例も共有しながら学んでいます。米粉でのパン作りなど各園の工夫を交流し、職場に持ち帰って、実践が広がっています。

保護者の労働環境の変化は、保育の長時間化につながりました。ほとんどの保育園で延長保育が実施されるようになりました。そこで、討議されたのが、延長保育の時間の食事とそれに伴う職員の労働条件についてです。お菓子でいいのか、おにぎりなど腹持ちするものがいいのかということが話題になりました。また、きちんとした食事を提供するためには、時間と手間が必要です。限られた体制の中で、どう工夫し、子どもたちにおいしく提供できるかも話し合われました。

二〇〇九年、福岡市内の保育園で起きたO‐157による集団感染には、衝撃を受けました。自治体からは給食室での衛生面での指導が強化され、すべての生野菜など消毒、洗浄しないといけなくなり、畑で収穫したトマトもサッと熱湯にくぐらせるようになりました。消毒剤ではなく酸性水活用などの経験が話されました。

■食育基本法以後の分科会〜保育者・保護者からの食育実践の増加

二〇〇五年に、「食育基本法」が制定されました。生活習慣病増加、食内容の偏り、朝食を食べてこない子の増加など健康問題の根深さを反映し、政府の声かけから始まった食育ですが、大事な内容を含んでいます。九州合研でも「食育」に関する実践が増え、保育者や保護者からも提案が出されるようになりました。

保護者もいっしょに取り組んだ畑作りの話、収穫した野菜でクッキング、手作りドレッシング、そんな活動をとおして、嫌いだった野菜が食べられるようになった実践が多く報告されました。「梅干し作り」「切り干し大根作り」「味噌作り」の取り組みも行われています。子どもたちに、「旬のおいしさ」「赤・黄・緑の三つの食品群」「命をいただくこと」などを、意識的に伝える実践では、食の絵本なども活用されています。

食育を豊かにするためには給食室と保育室との連携が必要です。会議に同席して意見交換をしたり、クッキングの打ち合わせをていねいに取り組んだり、給食室から出て子どもたちといっしょにクッキングをするなどの実践も出されています。

偏食、朝食抜きなど、気になる子どもの姿の背景には、家庭での食事風景があります。料理が苦手な保護者や忙しくてスーパーやコンビニのお惣菜に頼っている保護者の状況もあり、給食試食会やレシピ紹介、給食だよりなどをとおして、保護者の食への関心を高める取り組みも報告されています。

■分科会のこれから～生活リズムも視野に入れて

これまで積み上げてきた実践の中で、和食中心の薄味が給食作りのベースになってきています。だしのうまみの活かし方など技術や方法を伝えていくことが大切です。

保育者や保護者との連携の中で、新しい発想が呼び起こされ、より豊かな食育の取り組みが広がっていくと思います。その実践を多くの人に知らせ、外部委託や外部搬入の流れを止めましょう。

この分科会では、生活リズムの看板を外していません。生活リズム改善も大事な生活の基本です。睡眠の大事さをあらためて学ぶことも重要です。子どもたちの二四時間をしっかり捉えていきたいものです。

■松下　賢治・中村千恵子

保育園で作る郷土食レシピ

(5) 大分県　団子汁

(材料) 以上児１人分

A小麦粉 (地粉)	10g	生椎茸	5g
水	5g	里いも	10g
塩	0.2g	長ねぎ	5g
B豚こま切れ	10g	Cだし汁 (煮干し、鰹節)	140g
にんじん	10g	淡口醤油	50g
大根	10g		
ごぼう	5g		

(作り方)

①Aの材料で団子を作り、ウインナー位の大きさに小分けする。濡れ布をかけて20～30分ほど寝かせる。

②Cの煮干しと鰹節で、だし汁を作り、好みの大きさに切った長ねぎ以外のBの具材を入れ、淡口醤油で味付けする。

③Aの生地を薄く伸ばしながら入れ少し煮る。

④Bの長ねぎを入れ盛り付ける。

(7) 鹿児島県　がね

(材料) 以上児１人分

さつまいも	20g	衣　薄力粉	10g
玉ねぎ	10g	上新粉	6g
にんじん	3g	三温糖	1.8g
にら	3g	食塩	0.4g
		水	10g
		サラダ油	5g

(作り方)

①さつまいもは拍子切り、玉ねぎはスライスする。にんじんは太めの千切り、にらは4㎝長さに切る。

②衣に野菜を混ぜて、低めの温度に熱した油でじっくり揚げる。

(6) 宮崎県　チキン南蛮

(材料) 以上児1人分

A鶏もも肉	50g	酢・水	各3.7g
塩,こしょう	少々	みりん・酒	各2.3g
小麦粉	適宜	Cマヨネーズ	6g
卵	12g	砂糖	少々
油	適宜	レモン汁	少々
Bしょうが汁	少々	パセリ	少々
レモン汁	少々	ゆで卵	25g
醤油	4.5g	にんじん、玉ねぎ	各少々

(作り方)

①Aの下味をつけた鶏肉に小麦粉をまぶし、卵をくぐらせて油で揚げる。

②Bを鍋に入れてひと煮立ちさせタレをつくる。

③①をタレの中にいれて漬け込む。(20分以上)

④Cをあわせタルタルソースを作る。

⑤生野菜やトマトなどを添えて、鶏肉を盛り付け、上から④のソースをかける。

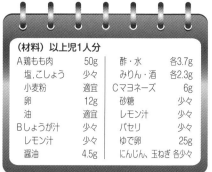

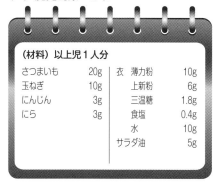

おわりに

「保育っておもしろい！」シリーズ六冊目となる『おいしいね！　たのしいね！　給食と保育』はいかがでしたか？　九州合研の「健康・食・生活リズム」分科会運営委員三名と常任委員会から推薦を含めて四名が「助っ人」として加わり編集委員会をスタートさせたのが二〇一五年一〇月。まず九州合研集会の本分科会に提案された過去一〇年間の実践記録の中から取り上げる実践をセレクトした後、原稿執筆や編集作業を進めました。二〇一六年四月の編集委員会予定日の直前に、四月一四日・一六日の「熊本地震」が起こり、編集委員会は延期となりました。熊本在住の二人の編集委員の職場や自宅にも被害がありました。交通網が寸断され、編集委員会に集まることができない状態が続きました。

地震発生後、いち早く「私設避難所」として園を開放し、被災した地域の人びとに居場所の提供と炊き出しを行った保育園がありました。多人数の食事づくりは保育園の「得意技」の一つです。温かくておいしい食事が被災の人びとの心をどんなにか癒したことでしょう。また現地から水や野菜、粉ミルクなどの不足物資がＳＮＳで発信されると、九州各県の九州合研に集う仲間たちがトラックで届けたりもしました。「私たちはひとりじゃないんだ」「たくさんの勇気と希望をありがとう」と熊本の保育者たちからの返信がありました。

困難に遭遇しましたが、あらためて食べること、寝ること、そして遊ぶことは生きることの基本だということを確かめることができたように思います。こうして出来上がった本ブックレットの価値《ねうち》をじっくり味わっていただければ幸いです。

黒川　久美

「おいしいね！　たのしいね！　給食と保育」執筆者

愛甲　明実　共同保育所ひまわり園・鹿児島

上原亜由美　高取保育園・福岡

大迫より子　鹿児島子ども療育センター・鹿児島

大元　千種　筑紫女学園大学・福岡／九州合研常任委員会代表

久保亜耶未　高取保育園・福岡

黒川　久美　社会福祉法人麦の芽福祉会・鹿児島

佐藤　　和　大光保育園・熊本

柴原　千秋　わらび保育園・熊本

砂子勢かおり　まつぼっくり保育園・福岡

瀬海　信代　わらび保育園・熊本

田中　　洋　大分大学・大分／九州合研常任委員

中村千恵子　杉の子保育園・福岡

二宮　直子　たんぽぽ保育園・大分

野中美乃里　ちどり保育園・福岡

菱谷　信子　精華女子短期大学・福岡／元九州合研常任委員

松下　賢治　川辺生協病院・鹿児島

宮里　六郎　熊本学園大学・熊本

吉田　涼子　つばさ保育園・長崎

※給食・郷土食写真及びレシピ提供園

福 岡 県　杉の子保育園

佐 賀 県　ひなた村自然塾、しらゆり保育園

長 崎 県　公立保育園

大 分 県　コスモス保育園

熊 本 県　ひまわり保育園、大光保育園

宮 崎 県　南方保育園

鹿児島県　共同保育所ひまわり園

「保育っておもしろい！」ブックレット

おいしいね！　たのしいね！　給食と保育

2016年９月20日　第１刷発行

編　者　九州保育団体合同研究集会常任委員会

発行者　竹村　正治

発行所　株式会社 かもがわ出版

〒602-8119 京都市上京区堀川通出水西入

TEL075（432）2868　FAX075（432）2869

振替01010-5-12436

ホームページ　http://www.kamogawa.co.jp

印刷所　新日本プロセス株式会社

ISBN978-4-7803-0855-6　C0037